L'ORACLE DU
RÈGNE ANIMAL

Titre original : *Animal Kin Oracle*
Publié pour la première fois en anglais par Hay House Inc.

Traduit de l'anglais par Mélina Picot.
Textes et illustrations : © Sarah Wilder.
Création maquette : Nicole Brown – Niche Creative and Co.

ISBN : 978-2-38135-036-3

www.editions-tredaniel.com
info@guytredaniel.fr
www.facebook.com/editions.tredaniel
@vegaeditions

SARAH WILDER

L'ORACLE DU RÈGNE ANIMAL

ÉDITIONS
VÉGA
19, rue Saint-Séverin
75005 Paris

SOMMAIRE

INTRODUCTION 11

LA NAISSANCE DES CARTES 17

ANIMAL TOTEM *VERSUS* ANIMAL MESSAGER 21

L'animal premier ou animal de pouvoir 22

Les messagers/esprits du règne animal 23

L'animal de l'ombre 24

CLASSIFICATION DES CARTES EN FONCTION DES ÉLÉMENTS 29

EXPLICATION DES ÉLÉMENTS 31

La terre 31

L'eau 35

Le feu 39

L'air 42

L'esprit 45

AVANT D'UTILISER LES CARTES 49

Rituel de nettoyage 49

Nettoyage régulier des cartes 52

COMMENT UTILISER LES CARTES 53

Tirage rapide avec une seule carte 54

Tirage concernant l'évolution d'une situation 55
Tirage sur les cinq éléments 56
Tirage de la pyramide du règne animal 57

CARTES LIÉES À L'ÉLÉMENT TERRE 59
1. LE BISON - GRATITUDE 60
2. LA CIGALE - CYCLES 63
3. LA VACHE - NOURRITURE 66
4. LE CERF - GRÂCE 69
5. LA CHÈVRE - ANCRAGE 71
6. LE JABIRU - FONDATION 73
7. L'ORANG-OUTAN - CRÉATION 76
8. LA PAONNE - MATERNAGE 78
9. LE COCHON - ABONDANCE 81
10. LE REQUIN - INSTINCT 83
11. LE PARESSEUX - SAGESSE 86
12. LE WOMBAT - EXPLORATION 89
13. LE LOUP - LIEN 91

CARTES LIÉES À L'ÉLÉMENT EAU 93
14. LE CRABE - CONFIANCE 94
15. LE CHIEN - PARDON 97
16 .LE DAUPHIN - JEU 99
17. LA LIBELLULE - IMAGINATION 101
18. LE CANARD - CONNAISSANCE 103
19. LE FLAMANT ROSE - COMMUNAUTÉ 106
20. LA MÉDUSE - FLUX 108
21. LA RAIE MANTA - PRÉSENCE 110
22. LE POISSON-PERROQUET - AUTHENTICITÉ 113
23. L'HIPPOCAMPE - AMOUR 115
24. L'ÉTOILE DE MER - SENSIBILITÉ 117
25. LA TORTUE - LONGÉVITÉ 119
26. LA BALEINE - COMMUNICATION 121

CARTES LIÉES À L'ÉLÉMENT FEU 123
27. L'ALPAGA - CURIOSITÉ 124
28. L'ABEILLE - POUVOIR 126
29. LE CHAMEAU - FÊTE 128
30. LE CARDINAL ROUGE - PASSION 131
31. LE CAMÉLÉON - ÉNERGIE 133

32. LE RENARD - SOLITUDE 135
33. LE GECKO - SENSUALITÉ 137
34. LE CHEVAL - MOTIVATION 140
35. LA COCCINELLE - CHANCE 142
36. LE LION -ASSURANCE 145
37. LE SERPENT - TRANSFORMATION 147
38. LE DRAGON D'EAU - ÉQUILIBRE 150
39. LE PIC - OCCASION 152

CARTES LIÉES À L'ÉLÉMENT AIR 155
40. L'OURS - PROTECTION 156
41. LE MERLE BLEU - PLAISIR 158
42. LE PAPILLON - CHANGEMENT 161
43. L'AIGLE - FORCE 163
44. L'ÉLÉPHANT - COMPASSION 165
45. LA GIRAFE - PERCEPTION 168
46. LE COLIBRI - JOIE 170
47. L'IBIS - ACCEPTATION 172
48. LE JAGUAR - INTENTION 175
49. LE MARTIN-PÊCHEUR - PAIX 177
50. LE KOOKABURRA - AMUSEMENT 179

51. LA PIEUVRE - INTELLIGENCE 181
52. LE PAON - INSPIRATION 183

CARTES LIÉES À L'ÉLÉMENT ESPRIT 187
53. LE SCARABÉE - PURETÉ 188
54. LE CHAT - MYSTÈRE 190
55. LE CORBEAU - MAGIE 192
56. LA GRENOUILLE - GUÉRISON 194
57. LE PAPILLON DE NUIT - PRISE DE CONSCIENCE 197
58. LA CHOUETTE - INTUITION 200
59. LE PHÉNIX - RENOUVEAU 203
60. LA MANTE RELIGIEUSE - PATIENCE 206
61. L'ARAIGNÉE - TISSERANDE DE RÊVES 208
62. LE CYGNE - HARMONIE 211
63. LA LICORNE - MIRACLES 213
64. LA BERGERONNETTE - ESSENCE 216
65. LE TIGRE BLANC - VISION 218

REMERCIEMENTS 221
À PROPOS DE L'AUTEURE ET ARTISTE 223

INTRODUCTION

Œuvrer avec la magie des animaux est quelque chose que je fais de manière intuitive depuis ma plus tendre enfance. Si vous pouviez voir des photos de moi lorsque j'étais enfant, vous vous apercevriez que je suis rarement prise en photo sans qu'il y ait un chien, un chat, une poule ou tout autre animal sauvage à mes côtés.

Au cours de ma vie de jeune adulte, j'ai été appelée à suivre deux chemins de vie très différents, à savoir, d'un côté, celui de la mode et, d'un autre, l'élevage d'animaux. En effet, ma tête me poussait à aller vers la mode tandis que mon cœur m'incitait à travailler avec les animaux. Tiraillée entre ces deux mondes opposés, j'ai passé mon temps à essayer de concilier les deux pendant plusieurs années en oscillant entre l'étude de la fabrication de textiles et la réhabilitation d'animaux dans leur milieu d'origine. Le week-end, je passais une journée à coudre et à concevoir des vêtements et une journée comme volontaire à l'hôpital pour animaux sauvages de l'Australia Zoo[1].

J'ai beaucoup aimé expérimenter ces deux centres d'intérêt et passions pendant de nombreuses années bien que je n'aie jamais vraiment su où cela me conduirait. Au bout d'un certain temps, j'ai pris conscience que je ne pouvais peut-être pas tout mener de front, c'est pourquoi j'ai décidé de me consacrer

1. NdT : parc zoologique australien.

professionnellement à la mode et de mettre de côté mes objectifs de carrière en lien avec les animaux (car ces derniers n'avaient jamais été réellement clairs). J'ai donc décidé que cela resterait une activité à laquelle je m'adonnerais pour le plaisir, c'est-à-dire sans objectif professionnel, ou bien quelque chose que j'expérimenterais plus tard dans ma vie. Étant donné que j'ai toujours su que, lorsque je serais à la retraite, je m'occuperais des animaux sauvages, j'étais en paix avec l'idée qu'un jour, lorsque ce serait le bon moment, cela se ferait.

J'étais loin de me douter que dix ans plus tard ces deux passions et centres d'intérêt opposés se rejoindraient aussi harmonieusement dans ma vie et dans ma carrière.

En 2012, comme beaucoup d'autres personnes, j'ai vécu un élargissement de conscience et j'ai fait l'expérience d'une sorte d'éveil, qui a également coïncidé avec la naissance de mon fils. C'est seulement à partir de ce moment-là que j'ai été appelée à m'aventurer de nouveau vers mon mandala intérieur, le centre de moi-même, et à recréer un style de vie, une carrière et une entreprise me permettant d'intégrer toutes les choses qui me passionnaient tellement depuis que j'étais petite, à savoir la créativité et l'art, ma spiritualité, une pratique New Age ainsi que la nature. Tout au long de cette année de reconnexion à mon âme et de profonde transformation, j'ai souvent reçu la visite de plusieurs de mes animaux ainsi que de nombreux messages. Comme ils le font pour beaucoup d'autres personnes, les animaux m'ont aidée à grandir, à apprendre, à me reconnecter et à me sentir épanouie pendant ces périodes d'introspection, d'exploration intérieure, de guérison et de développement personnel.

Je ressens un lien très profond envers les animaux, et c'est quelque chose que je n'arrive pas vraiment à exprimer avec des mots. Ils me rendent tout simplement heureuse, je me sens à l'aise et en paix avec eux. Je suis instinctivement attirée par eux (souvent beaucoup plus que je ne le suis par les êtres humains !) et j'ai un profond respect pour eux et les dons qu'ils possèdent. Depuis mon éveil, j'ai pris conscience que le mot le plus approprié pour définir ma passion et mon lien intuitif avec les animaux est « zoomancie », ce qui signifie littéralement l'art de la divination ou les connaissances intuitives basées sur l'observation des animaux. En se connectant profondément à l'aspect physique ou aux comportements d'un animal, un zoomancien peut, grâce à son intuition et à une guidance divine, comprendre la signification du message que cet animal délivre. Je crois que nous avons tous la capacité d'être zoomanciens à condition d'être ouverts à l'idée de développer ce « muscle ».

Ce coffret est pour moi l'occasion de témoigner de ma gratitude envers le règne animal et, je l'espère, de donner à d'autres personnes l'envie de faire un peu de travail intérieur afin de se reconnecter aux esprits non humains qui partagent la terre avec nous. C'est une chance qui nous est offerte de partir à la découverte de ces parties de nous-mêmes qui sont encore vierges, là où se trouvent notre instinct et la voix de notre intuition, grâce à des figures animales, familières ou imaginaires, facilement reconnaissables, qui nous servent de guides.

Les animaux sont destinés à jouer un rôle important dans notre vie en nous apportant leur soutien mais, malheureusement, en grandissant, nos conditionnements nous conduisent souvent à rompre petit à petit le lien instinctif que nous entretenions avec eux. Cela commence souvent par le fait de ressentir un peu de distance vis-à-vis des animaux ou bien de leur tourner le dos ; ainsi l'intérêt que nous leur portions cède le pas à la vie moderne. En un rien de temps, nous pouvons nous rendre compte que nous nous sommes également éloignés de nos propres racines et instincts naturels en tant qu'espèce animale. Cela se reflète ensuite dans la manière dont le monde pense et agit – en faisant émerger des questions de spécisme (préférer une espèce plutôt qu'une autre), de sexisme et de racisme. Pour moi, tous ces problèmes sociétaux sont liés et le dénominateur commun se résume au fait que nous sommes de plus en plus déconnectés de notre état naturel, qui est l'amour, la compassion et le relationnel.

Les changements de priorités que j'ai effectués afin de me reconnecter à mon état d'être véritable me tiennent particulièrement à cœur. Cela m'a entraînée vers la voie des profondeurs, qui mène vers une plus grande découverte de soi et une reconnexion tout en rallumant la flamme de la passion et en ravivant mon but dans cette existence-ci.

Je suis bien placée pour comprendre comment nous, en tant qu'espèce, nous pouvons facilement nous déconnecter de la nature (et de notre véritable nature) puisque, en grandissant, j'ai également perdu pendant un certain temps le lien que j'entretenais avec moi-même et avec celle-ci. Je prétendais sans cesse aimer les animaux alors que j'aimais manger du bacon ! Je n'ai jamais vraiment pris le temps, dans mon enfance ni au cours de ma vie de jeune adulte, d'analyser ni de réfléchir par moi-même sur les choses les plus évidentes qui se passaient dans la société !

Je ne suis pas du tout en train de dire que je suis parfaite, mais j'espère pouvoir aider d'autres personnes à raviver leur lien spirituel avec toutes les formes de vie sur terre et à retrouver du sens vis-à-vis des dons gratuits que notre Terre-Mère a à nous offrir en abondance.

LA NAISSANCE DES CARTES

Ces cartes, sur lequelles j'ai commencé à travailler à partir du début de l'année 2014, ont été conçues avec amour tout au long de ces années. En vue d'apporter un peu plus d'équilibre à ma vie de jeune maman et de dirigeante de start-up, je suis allée acheter des pinceaux et une boîte d'aquarelle bon marché dans le magasin de fournitures de bureau du coin. Tous les deux ou trois jours, le petit acte d'amour que je m'octroyais et que je consacrais à l'exploration créative consistait à peindre des animaux, c'était un moment de sursis face à la liste de choses à faire, qui ne cessait de s'allonger. Je partageais sur les réseaux sociaux les originaux, que j'accompagnais d'un petit message ou de citations sur des *posts* qui sont devenus très populaires et appréciés par la communauté qui me suivait et ne cessait de grandir. Comme j'aime de très nombreuses espèces d'animaux, je peignais un nouvel animal à chaque fois, ce qui me faisait ressentir cette sensation d'émerveillement propre aux enfants à chaque nouvelle peinture. Je me laissais traverser par leurs énergies en les regardant en photo ou en les observant directement dans ma vie personnelle, puis j'essayais de saisir cela en peignant de petites aquarelles lumineuses chaque semaine. Au bout de quelques mois, j'ai pris conscience que cela marquait le début d'une aventure beaucoup plus vaste. J'ai alors décidé d'en faire quelque chose dont tout le monde pourrait bénéficier lors d'une pratique quotidienne, à savoir des cartes oracle.

Le premier dessin que j'ai réalisé était celui d'un colibri, assorti de cette citation de Rumi : « Réponds à tous les appels qui mettent ton esprit en joie. » Symbole de joie, le colibri fut le petit messager du processus de création de ces cartes – qui m'indiquait tout simplement de ne pas succomber à la pression, de prendre du plaisir à peindre lorsque je décidais de m'y mettre et de suivre mon élan créateur jusqu'au jour où je sentirais que c'était « fini ». En octobre 2015, j'ai terminé ma 65e carte, qui représentait le cardinal rouge, le messager de la passion. Ce cycle, qui va de la joie à la passion, a vraiment renforcé l'importance que cette création a eue dans ma vie, et qu'elle aura par conséquent dans la vôtre.

J'étudiais l'énergie de chacun de ces animaux avant de les peindre, et j'ai littéralement adoré chaque minute passée à créer ces cartes. Elles représentaient mon petit projet de cœur, et je savais qu'elles apporteraient autant de joie aux autres qu'elles m'en avaient apporté.

Avec Nicole, ma graphiste, nous avons passé beaucoup de temps à faire en sorte que ces cartes soient aussi belles et uniques que possible. Nous avons testé plus de 10 graphismes différents avant de trouver le graphisme final qui a provoqué un grand OUI dans tout mon corps et dans toute mon âme. À partir de ce moment-là, tout a coulé de source, et les cartes ont commencé à prendre vie sous mes yeux.

Elles ont été conçues pour rester fidèles à mon esprit, qui se nourrit de symboles, de mandalas, de motifs kaléidoscopiques et de couleurs ! Elles sont destinées à être la licorne arc-en-ciel et magique de tous les oracles d'animaux !

ANIMAL TOTEM *VERSUS* ANIMAL MESSAGER

Vous remarquerez que j'ai volontairement choisi de ne pas faire référence aux animaux totems, parce que je sens que ce terme n'est pas approprié dans le cadre de ce que je vous propose. Je ne viens pas d'un milieu imprégné de tradition chamanique, de religion basée sur le culte des animaux, ni d'animisme fondé sur le culte des ancêtres, et je n'ai pas non plus reçu d'enseignement de la part d'un vieux sage aborigène, c'est pourquoi je pense que je ne dois pas utiliser à la légère l'expression « animal totem ». J'aime et je respecte profondément ces magnifiques traditions, néanmoins je préfère écrire en me basant sur les expériences que j'ai faites et sur ce que j'ai appris en tant que femme occidentale moderne en quête de lien.

À mon sens, il y a une différence entre un animal totem et le fait d'explorer l'esprit et le message d'un animal. Selon moi, le totem se réfère à un enseignement spécifique propre à une culture qui a été transmis de génération en génération. Le culte des animaux et le totémisme se déclinent de plusieurs manières en fonction des cultures et des religions du monde entier – des Amérindiens aux Aborigènes australiens en passant par l'Asie et l'Afrique.

De manière plus large, lorsqu'on parle de l'esprit d'un animal et du message qu'il nous délivre, on est plus focalisé sur le chemin spirituel de l'individu en tant que tel. Cet oracle vous invite à honorer votre propre esprit, à lui permettre de s'ouvrir à une guidance qui peut être aussi bien intérieure que suggérée par la vie extérieure. En fait, il s'agit plutôt d'un enseignement universel qui n'est pas propre à une culture ni à une religion, ni même lié à un droit de naissance. C'est le chemin que je vous propose, et je suis très fière que vous ayez choisi cette création comme guide pour explorer votre intérêt pour la magie du règne animal.

J'ai appris qu'il existe trois sortes principales de guides animaux, que vous allez rencontrer et sur lesquels vous pourrez compter dans votre vie de tous les jours, qui sont toutes aussi importantes les unes que les autres.

L'animal premier ou animal de pouvoir

Il s'agit de celui qui vous suit une grande partie de votre vie, si ce n'est toute votre vie. Cet animal est généralement le reflet de vos côtés négatif et positif. C'est l'animal qui vous représente le mieux, celui qui marche à vos côtés dans le monde spirituel. Pensez aux films *Harry Potter* ou *À la croisée des mondes : la boussole d'or*, où les protagonistes ont tous un animal qui les représente sous sa propre forme, c'est leur compagnon spirituel, le reflet de leur âme. Un esprit qui leur ressemble. Quelqu'un de la famille. Cet animal symbolise vos traits de caractère réels à un niveau très profond, une partie de votre ADN. En général, il se fait connaître de vous : il se peut que vous soyez toujours attiré par une espèce précise, que vous collectionniez des figurines propres à un animal en particulier ou que vous ayez souvent été amené à rencontrer cet animal au cours de votre vie. S'il y en a un qui vous vient spontanément à l'esprit, ne cherchez plus, c'est lui ! Voyez comme c'est simple. Si vous vous sentez bloqué et que vous avez du mal à découvrir votre animal de pouvoir, je vous propose différentes manières de vous connecter à lui dans mon livre *Spirit Animal Coloring Book*, qui comprend des méditations guidées et des exercices.

Les messagers/esprits du règne animal

Ces animaux sont ceux qui vont et viennent tout au long de votre vie pour vous aider à apprendre des choses ou à gérer des situations précises. Une fois que vous avez entendu et assimilé leur message ou pris un chemin spécifique, vos routes peuvent se séparer. Ce sont comme des anges gardiens qui savent à quel moment ils doivent être là, au bon endroit et au bon moment. Il s'agit d'animaux qui croisent votre route – que ce soit dans vos rêves ou dans la vie réelle. C'est le papillon qui se pose sur votre main et avec lequel vous sentez tout de suite un lien, le serpent qui se prélasse au soleil sur le chemin que vous empruntez, voire des images, des allusions ou des références à certains animaux qui reviennent régulièrement pendant une certaine période de votre vie.

Ils viennent tous vous délivrer un message et, une fois que vous l'avez entendu, ils sont libres de vous quitter. Vous pouvez avoir dans votre vie autant de messagers du règne animal que nécessaire, il n'y a aucune limite. Vous pouvez en avoir un, dix ou bien trois en même temps, ou voir sans cesse le même. C'est à votre esprit de décider de l'animal dont vous avez besoin et du moment où vous en avez besoin, ainsi que du moment où vous devez être ouvert pour entendre les messages émanant de lui.

L'animal de l'ombre

Il s'agit des animaux dont vous avez peur, ceux que vous avez peut-être choisi de comprendre le moins bien. Les animaux de l'ombre sont ceux qui pourraient vous effrayer depuis votre plus tendre enfance. Vous pouvez parfois vous souvenir de la raison pour laquelle vous ne les aimez pas. Ils vous ont peut-être blessé ou effrayé par le passé, mais parfois vous ne savez même pas pourquoi, si ce n'est qu'ils vous paraissent répugnants ou bizarres ! Ils ont eux aussi des choses à nous apprendre même si nous laissons souvent la peur prendre le dessus, ce qui nous empêche d'entendre leur véritable message. Ils ont alors tendance à persister afin de donner plus de force à leur message – ce qui, par conséquent, renforce encore plus notre peur. Je pense souvent aux phrases « Ce à quoi tu résistes, persiste » et « Tu attires ce dont tu as peur ». Ces animaux représentent nos angoisses les plus profondes, toutes les émotions négatives qui se cachent dans les recoins sombres de notre esprit. Il est néanmoins très important de se souvenir qu'avoir des animaux de l'ombre n'est pas une chose négative. En fait, c'est tout le contraire, ce sont de réels cadeaux. Tout au long de votre chemin de vie, vous allez apprendre beaucoup de choses sur vous-même, surtout lorsque vous commencerez à vous ouvrir aux messages de vos guides. Un animal de l'ombre vient simplement vous aider à vous interroger, parfois vous indiquer où porter votre attention afin d'entrer dans la danse de la vie avec votre ombre. Affrontez cette peur, réfléchissez à ces pensées ou schémas de comportements négatifs et accueillez-les. C'est de l'obscurité que surgit la lumière, c'est pourquoi vous devez réellement accueillir cette peur profonde en vous, l'accepter, l'embrasser, lui pardonner, l'aimer et vous en libérer.

Pour vous donner un exemple : mon animal de pouvoir est le paon. Pendant mon adolescence, je me suis toujours sentie attirée par les plumes de paon - leur éclat, leur beauté et leur apparence unique. Les paons ont toujours été présents au cours de ma vie, que ce soit dans ma maison, au bureau, sur mes vêtements et même sur mes tatouages. Le logo de mon ancienne activité, liée au secteur de la mode, représentait la plume d'un paon. J'ai beaucoup de bijoux liés au paon et j'ai toujours été attirée par les tons vert/turquoise/violet, ils ont toujours fait partie de mes couleurs préférées (elles correspondent également à la couleur de mon aura !). J'ai même eu de nombreuses interactions dans la vie réelle avec des paonnes qui apparaissaient dans ma vie de manière très bizarre, comme le fait de trouver des paonnes sur un parking de montagne que j'avais l'habitude de fréquenter ou chez ma belle-famille une paonne à laquelle j'ai dû trouver un nouveau foyer.

J'ai souvent réfléchi à ces événements afin de comprendre la raison pour laquelle je trouvais les paons si spéciaux. Il s'avère que le paon, le côté masculin (pour moi), représente l'intégrité, l'inspiration, la réalisation et le renouveau. Le paon est un ambitieux, il éprouve un grand sentiment de fierté et une confiance qui suinte de l'intérieur. C'est tout à fait moi. J'ai toujours été ambitieuse, cherchant à inspirer les autres, toujours fière de moi et de mes réussites (et cela peut souvent s'avérer être un vice dans mon cas parce que je n'accepte pas très facilement la critique) et j'ai l'air sûre de moi, même lorsque ce n'est pas le cas. Je sais bien bluffer, et ce, dans pas mal de situations ! Je suis toujours en quête de renouveau, cherchant à améliorer sans cesse mes compétences, mes connaissances et mon physique, tout comme le paon qui, dans ses jeunes années, laisse tomber ses plumes pour qu'elles deviennent de plus en plus longues et de plus en plus belles. En revanche, les aspects négatifs liés au fait d'avoir un tel animal de pouvoir sont que vous pouvez paraître un peu prétentieux, madame-je-sais-tout, ou que vos priorités sont un peu confuses. C'est également le genre de choses dont le paon tente de me faire prendre conscience et auxquelles je dois être attentive afin de ne pas me laisser dépasser par mes actes sur mon chemin de vie.

Du côté féminin, la paonne, qui ressemble à une poule, est celle qui nourrit, c'est-à-dire le type maternel. J'ai une forte tendance au martyre, qui me pousse à m'occuper toujours des autres, souvent au détriment de ma propre santé et de mon propre bonheur. J'ai fait pas mal de chemin à ce niveau-là depuis quelques années, mais la paonne me montre vraiment que c'est un travers auquel je dois faire attention de temps en temps et que je dois également veiller à mettre toute mon énergie dans mes velléités créatives, dans des pratiques de découverte de soi et dans des relations plutôt que de tout donner aux autres, qui ne me le rendent pas. Je peux dire que je suis beaucoup plus consciente de ces traits de caractère maintenant (grâce à mon animal de pouvoir !) et que je peux faire appel à ses messages de temps en temps quand j'ai besoin d'une petite piqûre de rappel. À présent, je vois que le paon représente mon côté masculin (notamment dans le domaine professionnel) et que la paonne est emblématique de ma vie personnelle en tant que représentation de mon côté féminin.

Passons à présent à mes expériences avec les messagers du règne animal, c'est-à-dire ceux qui vont et viennent à certaines périodes particulières de votre vie. J'en ai croisé un nombre incalculable au fil des années. Du papillon aux araignées, en passant par les mantes religieuses, les bergeronnettes, les passereaux et les cacatoès noirs. À cette époque, quelque chose me poussait de manière significative à réfléchir à la médecine de ces visiteurs – ils m'ont tous délivré un message.

Lorsque je reçois un signe, je l'accueille et je prends une minute ou deux de recueillement intérieur pour réfléchir à ce que l'animal a essayé de m'enseigner. Comme vous pouvez le constater, la majorité de mes esprits animaux sont des insectes, des arachnides ou des animaux avec des ailes. De manière générale, les insectes sont en lien avec l'élément esprit tandis que nos amis avec des ailes correspondent à l'élément air, qui représente le mental. Cela me prouve que je suis en parfaite harmonie avec mes esprits alliés, qui m'ont guidée encore tout récemment sur mon chemin de découverte de soi et de développement en me murmurant des petites phrases d'encouragements supplémentaires, comme s'ils me disaient : « Nous sommes à tes côtés, on voit tous les efforts que tu fais pour te concentrer, écouter, grandir – continue de faire des petits pas et d'avancer car bientôt la transformation qui t'attend et la direction que tu dois prendre deviendront beaucoup plus claires pour toi. »

Pour conclure, je vais vous donner des exemples concernant mes animaux de l'ombre. Je le répète, ils ressemblent aux messagers du règne animal, mais ce sont des animaux dont on

a peur ou que l'on associe à des émotions négatives. Lorsqu'ils nous rendent visite, nous ressentons, somme toute, un sentiment d'émerveillement, de joie, ou nous sommes intrigués, bien qu'en surface nous en ayons peur ou que nous ne nous sentions pas à l'aise, voire que nous soyons complètement pétrifiés. On connaît tous quelqu'un qui a une peur folle des araignées, non ? Je dois bien avouer que ce ne sont pas des animaux que j'aime regarder ni que j'aime côtoyer de trop près, mais si je vais voir un peu plus en profondeur, dans l'obscurité de mon océan intérieur, je tremble de peur ! Bien que j'aime à penser que j'ai un profond respect pour les requins, je sens qu'ils représentent également mon ombre. Pour moi, les requins symbolisent la capacité à se concentrer et à faire confiance à son instinct. Je sais pertinemment que c'est une de mes faiblesses. Parfois je me disperse tellement que je me retrouve dans des disgressions folles qui m'éloignent énormément de mon instinct premier, qui m'incitait à rester bien concentrée sur un objectif afin de l'atteindre en y mettant toutes mes forces.
Le côté sympa de ces cartes, c'est que vous pouvez apprendre de plus en plus de choses sur chacun des animaux qui vous attire ; ainsi, avec le temps, ils vous seront tellement familiers que vous serez capable de comprendre le rôle qu'ils jouent dans votre vie personnelle sans même utiliser les cartes. Vous pouvez apprendre tellement de choses sur une personne en fonction des animaux dont elle a peur, qu'elle aime ou qui lui rendent fréquemment « visite » !

CLASSIFICATION DES CARTES EN FONCTION DES ÉLÉMENTS

Les 65 cartes de cet oracle sont réparties en cinq éléments principaux, sachant que chaque animal est relié à un élément. Cela permet d'aider à identifier les animaux et de fournir des repères intuitifs aux personnes qui choisissent de ne pas consulter le livre explicatif lorsqu'elles utilisent ces cartes.

Les éléments peuvent être interprétés comme la couleur ou la catégorie à laquelle appartient un animal. Le symbole de l'élément apparaît en haut de chaque carte.

1. LA TERRE

Cet élément est représenté par le mandala figurant des CRISTAUX.

2. L'EAU

Cet élément est représenté par le mandala figurant des ONDULATIONS.

3. LE FEU

Cet élément est représenté par le mandala figurant des SORTES DE FLAMMES.

4. L'AIR

Cet élément est représenté par le mandala figurant des FLÈCHES.

5. L'ESPRIT

Cet élément est représenté par le mandala figurant des ÉTOILES.

EXPLICATION DES ÉLÉMENTS

LA TERRE

L'élément TERRE représenterait le **monde matériel** qui vous entoure, c'est-à-dire votre environnement.

La TERRE est l'élément qui est à l'origine de tout ce qui nous entoure : le sol sous nos pieds, les plantes, les animaux et les minéraux. Elle symbolise également ce que nous considérons comme nos richesses : nos finances et nos biens dans cette vie. Le monde matériel nous procure les moyens de survivre, de prospérer et d'exceller dans la vie.

L'élément TERRE est associé à l'énergie féminine : une figure de mère, ancrée (d'où la « Terre-Mère »), qui nous donne en abondance de la nourriture, un toit, des moyens de grandir et de gagner notre vie par le biais de choses matérielles.

Lorsque l'on réfléchit au monde matériel, et plus particulièrement à la manière dont on utilise les outils qui sont en notre possession, on peut comprendre à quel point la terre est si essentielle pour nous. Pourquoi accordons-nous autant de valeur aux possessions matérielles ? Nous sommes des êtres créatifs, génétiquement faits pour créer des outils à partir de ce que nous trouvons autour de nous afin de répondre positivement à nos besoins. Il peut souvent nous arriver d'associer la sensation d'être particulièrement déprimés ou inutiles au fait que nous croyons ne pas posséder assez de choses, ou ne pas être assez ancrés au niveau physique, mental ou spirituel. Quand on a l'impression que tout nous échappe, que tout autour de nous semble s'effondrer, que nous sommes trop agités émotionnellement ou mentalement, nous savons instinctivement que nous devons nous ancrer. C'est pourquoi nous partons faire une marche, nous répondons au besoin de sentir le sable entre nos doigts de pieds et nous nous relions à la terre qui nous porte.

Le fait de savoir consciemment comment faire pour ressentir physiquement le monde qui nous entoure ou en faire l'expérience permet de ressentir un mieux-être sur d'autres plans. Car tous les éléments sont liés les uns aux autres et œuvrent ensemble, et ce tout le temps.

Plus j'apprenais de choses sur cet élément et cherchais à trouver des modes de vie sains, plus je prenais conscience du rôle crucial que joue la TERRE dans notre vie concrète. En effet, lorsque l'on cherche à mieux se comprendre soi-même et que l'on devient conscient de notre façon de nous connecter à la Terre, on peut effectuer de grands changements en ce qui concerne nos styles de vie. Nous avons besoin de repenser un peu à nos ancêtres pour bien comprendre ceci : ils accordaient beaucoup plus de valeur aux choses que nous considérons de nos jours comme allant de soi ; ils respectaient tout sur la planète et savaient que son existence avait du sens. Le style de vie consumériste contemporain nous a conditionnés à penser que pour être dans l'abondance, nous devions posséder plus, dépenser plus et gagner plus en utilisant le système d'échange artificiel vide de sens qu'est l'argent.

VIVRE EN CONSCIENCE = NIVEAU DE CONSCIENCE ÉLEVÉ

Qu'est-ce que chacun d'entre nous peut faire pour tirer parti du potentiel de l'élément terre ?

Voici quelques petites astuces quotidiennes faciles à mettre en place qui pourront vous aider à vous connecter :

ALLER SE PROMENER DANS LA NATURE

Revenez à l'essentiel : ressentez le sol sous vos pieds, touchez les feuilles et les plantes ; regardez la nature, soyez reconnaissant pour toute l'abondance dont elle vous gratifie. Le seul fait de ne faire qu'un avec la terre peut s'avérer être le meilleur moyen de vivre une vie d'abondance.

RÉFLÉCHIR À SON ENVIRONNEMENT

De quoi vous entourez-vous ? Quelles personnes partagent votre vie ? Comment occupez-vous vos journées ? Où avez-vous choisi de vivre, de travailler et de jouer ?

Si vous ressentez que les choses matérielles dans votre vie ont des répercussions négatives sur votre potentiel et votre expérience de vie, il est temps de tout arrêter, d'aller à la racine du mal et d'y faire face. Effectuez ces changements et voyez comme votre environnement vous soutient.

QUE RESPECTEZ-VOUS ?

Nous partageons tous l'envie de vouloir jouer à être « Dieu » d'une manière ou d'une autre : la manière dont nous dépensons notre argent, notre façon de nous nourrir et de vivre… tout cela a de très grandes répercussions sur notre planète. Si nous acceptons d'avoir plus confiance en notre intuition, nous nous apercevons vite que la planète est là pour nous apporter son soutien et que plus on la détériore, moins elle nous soutiendra. C'est aussi simple que cela. Arrêtez le gaspillage ; ne vivez pas au-dessus de vos moyens ; partagez avec les autres ; respectez la nature ; appréciez la valeur de la vie dans toute sa diversité ; traitez la planète comme vous aimeriez qu'elle vous traite et observez le formidable soutien qu'elle vous offre en retour. La vieille excuse qui consiste à dire qu'une personne seule ne peut pas avoir d'impact est erronée, car un individu, à lui seul, peut créer beaucoup de changements. Et un million d'individus peuvent créer encore plus de choses. En ce qui me concerne, j'ai déjà sauvé des centaines, voire des milliers de vies, simplement en changeant ma façon de me nourrir et de penser. Imaginez si tout le monde en faisait autant…

L'EAU

L'élément EAU représenterait les **émotions**.

L'EAU est l'élément où se développent les émotions. Notre corps est constitué d'eau, les bébés grandissent dans l'eau, on pleure des larmes salées et nous avons besoin d'eau pour, tout simplement, rester en vie. L'eau est ce qui fait de nous, et de notre planète, quelque chose d'unique. L'eau nous donne l'énergie de créer des relations saines avec nous-mêmes et avec les autres.

L'élément EAU est associé à l'énergie féminine : elle est de nature douce, gracieuse, bienveillante et agréable. L'eau nous offre également le reflet.

Lorsque l'on prend en considération nos émotions et la manière dont elles peuvent altérer nos états physique et spirituel, on peut comprendre le lien si fort qui nous unit à l'eau. Il se peut que nous choisissions de ressentir certaines émotions afin d'avoir une meilleure compréhension des situations de la vie. À titre personnel, chaque fois que je me sens traversée par des émotions, que je me sens triste ou malheureuse, j'utilise de l'eau pour me soulager. Prendre un bain, des douches chaudes, nager ou passer des vacances au bord de l'eau peut nous aider à réfléchir et à reprendre du poil de la bête. L'eau aide à se sentir soi, à prendre soin de soi et à exprimer qui nous sommes véritablement. C'est également un élément qui est lié à la reproduction, à la sexualité et aux relations. Les marées sont influencées par l'attraction de la Lune, et il en est de même pour nous ; nous vivons tous en synchronicité les uns avec les autres.

Plus j'apprenais de choses sur cet élément et cherchais à trouver des styles de vie sains, plus je prenais conscience que les émotions jouent un rôle crucial dans notre vie concrète. Lorsque l'on commence à se comprendre mieux soi-même et que l'on prend conscience de ses mécanismes émotionnels, on peut commencer à réaliser de grands changements dans sa vie. COMPRÉHENSION DES ÉMOTIONS = APAISEMENT ET GUÉRISON

Qu'est-ce que chacun d'entre nous peut faire pour tirer parti du potentiel de l'élément eau ?

Voici quelques petites astuces quotidiennes faciles à mettre en place qui pourront vous aider à vous connecter :

BOIRE BEAUCOUP D'EAU

Beaucoup d'entre nous ont entendu dire qu'il fallait boire 2 litres d'eau par jour. Le principe de base que j'ai été amenée à comprendre est que nous devons boire au moins 1 litre par tranche de 22 kg sur la totalité de notre poids, et ce, tous les jours[2]. C'est une condition *sine qua non* pour une santé optimale car chacune des cellules de notre corps a besoin d'eau pour fonctionner correctement et nos émotions en ont

---

2. NdÉ : L'application de ce conseil est à modérer en fonction de votre état de santé et des recommandations de votre médecin.

également besoin afin de maintenir un certain équilibre. Si vous ne deviez faire qu'une seule chose, je vous conseille vraiment de retenir celle-ci, car c'est, à mon avis, la plus importante.

ACCUEILLIR SES ÉMOTIONS

Nous cachons parfois profondément notre trop-plein émotionnel et nous ne nous autorisons pas à ressentir nos émotions complètement. Refuser d'accueillir ce que nous ressentons réellement vis-à-vis d'un problème ou d'un événement peut nuire beaucoup plus à notre santé mentale, physique et spirituelle que l'émotion initiale. Honorez vos émotions et donnez-leur la possibilité de vous délivrer les messages dont vous avez besoin pour y voir un peu plus clair dans votre vie. N'ayez pas peur d'aimer, de pleurer, d'être triste ou d'être aux anges. Laissez les émotions aller et venir comme le flux et le reflux de la marée, car elles devraient être libres de pouvoir traverser votre vie dans un mouvement fluide. Détruisez les murs que vous avez érigés et derrière lesquels vous vous cachez.

RÉFLÉCHIR AUX RELATIONS QUE L'ON ENTRETIENT

À l'instar du feu qui est énergie, l'eau est le lien émotionnel qui régit toutes nos relations, y compris notre relation à la nourriture. La prochaine fois que vous aurez une envie irrésistible de manger quelque chose qui, vous le savez, n'apportera pas d'énergie saine à votre corps, demandez-vous pourquoi vous ressentez ce besoin, écoutez vos émotions, car elles vous disent la raison qui vous pousse à vouloir quelque chose. Cette émotion a peut-être été enfouie au plus profond de vous sans autre but que celui d'essayer sans cesse d'émerger des eaux profondes.

Modifier votre rapport à la nourriture changera votre façon de percevoir les choses et votre rapport à vous-même. Au lieu de manger sous l'effet de la peur (en vous obligeant à boire, par exemple, des boissons protéinées par peur de grossir), mangez parce que vous respectez et aimez votre corps et parce qu'il mérite d'être nourri correctement. Avant de manger de manière compulsive ou pour compenser un manque affectif, essayez d'examiner vos peurs et vos émotions. Car, en gérant vos émotions ou vos peurs, vous vous libérerez de cette énergie et votre comportement vis-à-vis de certains aliments pourra par conséquent s'en trouver également modifié.
Cela vaut également pour vos relations avec autrui. En effet, en modifiant votre perception de vous-même et des autres, vous attirerez plus d'amour. Consacrez votre énergie à des relations gratifiantes et n'accordez pas de temps à celles qui sont délétères. C'est peut-être plus facile à dire qu'à faire, mais c'est la clé pour pouvoir vivre une vie intérieure et extérieure agréable.

LE FEU

L'élément FEU représenterait le **mouvement**.

Le FEU est l'élément qui génère toutes les actions physiques. Les actions que nous entreprenons sont cruciales dans le processus qui permet à nos pensées de prendre vie. Tel un papillon de nuit attiré par une flamme, nous sommes poussés à **faire** des choses issues de nos pensées, et c'est là que notre feu est attisé : en faisant.

L'élément FEU est associé à l'énergie masculine : une force physique puissante pleine de conviction et de motivation.

Si l'on réfléchit aux mouvements que l'on fait, et plus particulièrement à la manière dont nous exprimons nos pensées physiquement, nous pouvons nous rendre compte à quel point nous sommes reliés au feu. C'est réellement ce qui éclaire notre chemin. Penser est une chose, mais c'est en mettant nos idées en acte qu'elles prennent réellement toute leur ampleur. Vous avez sûrement déjà entendu les expressions comme « brûler de désir », « rallumer la flamme » ou « faire briller sa lumière intérieure ». Ce sont toutes des mantras destinés à l'élément feu : une manière de nous dire d'arrêter de réfléchir et de commencer à agir. Bougez votre corps de sorte qu'il exprime réellement qui vous êtes ; laissez-le vous libérer de vos inhibitions et brûler de l'énergie car cela se transformera en combustible permettant à votre flamme intérieure de rester allumée.

Plus j'apprenais de choses sur cet élément et cherchais à trouver des styles de vie sains, plus je prenais conscience que le mouvement joue un rôle crucial dans notre vie concrète. Lorsque l'on commence à mieux se comprendre soi-même et que l'on prend conscience de ce qui nous motive à bouger comme on le fait, on peut mieux sentir comment faire pour que nos désirs se réalisent plus rapidement et plus efficacement. MOUVEMENT = MOTIVATION

Qu'est-ce que chacun d'entre nous peut faire pour tirer parti du potentiel de l'élément feu ?

Voici quelques petites astuces quotidiennes faciles à mettre en place qui pourront vous aider à vous connecter :

BOUGER

Cela ne signifie pas que vous devez vous inscrire à un stage d'entraînement intensif, faire du sport deux fois par jour ni culpabiliser lorsque vous mangez des petits gâteaux. Cela signifie plutôt de faire les mouvements nécessaires à votre style de vie et qui vous font avancer au niveau physique, mental et spirituel. Le yoga ou d'autres techniques de mouvements lents permettront de relâcher les tensions et de laisser circuler l'énergie. Les activités sportives qui augmentent le rythme cardiaque (comme la course à pied, la danse ou les exercices cardio-vasculaires légers) permettront de brûler l'énergie afin d'alimenter tous les autres éléments. Les exercices en résistance augmentent votre force et permettent de conserver du muscle. Mon exercice en résistance consiste à porter un enfant d'environ 15 kg, mais je ne sais pas si cela compte ?

METTRE SES PAROLES EN ACTES

Si, comme moi, il vous est facile d'avoir des intentions, mais que le fait d'y donner suite est plus compliqué, alors il est très important que vous preniez en compte ce point-ci ! Des petits changements physiques positifs dans votre style de vie vont vous aider à concrétiser des désirs plus grands. Par exemple : ajoutez à votre petit-déjeuner un jus de légumes et de fruits verts, prenez votre vélo pour aller faire vos courses ou envoyez une lettre affectueuse à une personne qui le mérite. Ce sont tous ces petits mouvements qui aident à façonner une meilleure version de vous-même et à envoyer des messages beaucoup plus clairs à l'Univers afin qu'il vous aide à manifester ce que vous souhaitez réellement.

SE CONCENTRER SUR SON ÉNERGIE

Comment nourrissez-vous votre corps physique pour qu'il ait de l'énergie ? Aidez-vous votre corps avec ce que vous consommez ou bien lui faites-vous du tort ? Faire le lien entre ce que l'on mange et notre potentiel physique, mental et spirituel est impératif. Si vous avez une carence en nutriments, si vous consommez trop d'aliments transformés et pleins de pesticides, il ne faut pas vous étonner de manquer de motivation ou de but dans la vie (cela m'a pris seulement vingt-cinq ans pour comprendre ce dernier point)

Il suffit de privilégier des aliments plus naturels et complets pour améliorer instantanément la qualité de l'énergie dont votre corps a besoin, ce qui aura pour effet d'améliorer votre motivation et d'augmenter vos performances physiques à tous les niveaux. Essayez ! Et si, de plus, vous augmentez votre consommation d'aliments d'origine végétale, ce sera tout bénéfice pour votre esprit.

L'AIR

L'élément AIR représenterait le **mental**.

L'AIR est l'élément où naissent toutes les pensées, qu'elles soient bonnes ou mauvaises. Tout comme l'air que nous respirons, nos pensées vont et viennent, alimentant sans cesse notre esprit d'informations que nous devons filtrer et par conséquent disperser au vent.

L'élément AIR est associé à l'énergie masculine : une force puissante, logique et déterminée qui, de notre for intérieur, impose, fixe et crée tout ce qui nous entoure.

Si nous nous penchons sur le mental, et plus particulièrement sur nos schémas de pensée, nous pouvons voir à quel point l'air leur est associé. Si nous sommes stressés, en colère ou dans un état d'esprit très négatif, nous savons instinctivement que nous devons « respirer ». On nous répète souvent de « prendre le temps de souffler », de sortir « prendre l'air » ou de « nous calmer et de nous rafraîchir ». C'est grâce à l'air que nous respirons que nous pouvons réellement maîtriser notre mental afin de retrouver une certaine harmonie intérieure lorsque cela s'avère nécessaire.

Plus j'apprenais de choses sur cet élément et cherchais à trouver des styles de vie sains, plus je prenais conscience que le **mental** joue un rôle crucial dans notre vie concrète. Lorsque l'on commence à mieux se comprendre soi-même et que l'on prend conscience de ses schémas de pensée, on peut provoquer de grands changements dans sa façon de vivre.

PENSÉES POSITIVES = ISSUES POSITIVES

Qu'est-ce que chacun d'entre nous peut faire pour tirer parti du potentiel de l'élément air ?
Voici quelques petites astuces quotidiennes faciles à mettre en place qui pourront vous aider à vous connecter :

PRATIQUER DES EXERCICES DE RESPIRATION
Par exemple, la méditation et certains exercices de yoga mettent l'accent sur le travail de la respiration.

DE L'AIR FRAIS
Cela peut sembler évident, mais c'est quelque chose qu'un grand nombre d'entre nous n'intègre pas suffisamment dans

sa vie. En effet, entre les bureaux climatisés et les logements étouffants, en passant par nos voitures et les salles de sport, il n'y a pas de **véritable air frais** qui entre dans nos poumons, ce qui permettrait à nos esprits de rester sains. Allez vous promener dehors, utilisez des ventilateurs, ouvrez les fenêtres et ayez des plantes d'intérieur pour filtrer l'air. C'est facile !

SE CONCENTRER SUR SES PENSÉES

À quoi ressemble votre dialogue intérieur ? Commencez par écouter attentivement la manière dont vous vous parlez à vous-même et dont vous parlez aux autres dans votre tête. Inspirez de l'amour et laissez-le purifier vos pensées et se manifester dans vos actions. Arrêtez le flux des pensées négatives, qui peuvent vous tuer de l'intérieur, et débarrassez-vous-en en les mettant dehors. Sérieusement.

L'ESPRIT

L'élément ESPRIT ou **éther** représenterait notre âme, notre aura ou une énergie inconnue qui se trouve tout autour de nous.

L'ESPRIT est l'élément qui n'a pas de consistance physique, mais je sens qu'il est le chaînon manquant parmi les cinq piliers de notre vie. Il est important de bien manger, de faire de l'exercice régulièrement, de chercher à avoir des relations épanouissantes et d'avoir un certain équilibre corps-esprit, mais l'élément qui s'avère être souvent négligé est celui que nous ne voyons pas vraiment. C'est notre part inconnue, cette intuition que l'on ressent sans pouvoir expliquer d'où elle provient. C'est cette petite étincelle que l'on sent comme si l'on venait d'entendre quelque chose que nous pensions déjà savoir, ou ces moments où les choses semblent tout simplement justes. C'est cette énergie qui nous accompagne tout au long de notre vie, en nous montrant des signes, en guidant notre petite flamme, en nous faisant pressentir des choses, en orientant nos pensées.

L'élément ESPRIT est une énergie omnisciente, universelle, qui accompagne notre corps physique tout au long de notre vie. Il n'est ni masculin ni féminin, c'est autre chose. Il s'agit de l'identité de notre âme.

Lorsque nous prenons en compte notre âme et que nous commençons vraiment à la considérer comme faisant partie de nous, les choses se mettent à changer. C'est de cette manière que de grands maîtres spirituels ont atteint le nirvana, la

béatitude, en suivant le cinquième élément, l'énergie, à laquelle ils savent à présent se relier et qu'ils comprennent. Cette énergie les guide et les façonne afin qu'ils deviennent ce qu'ils sont en vérité.
Vous n'avez pas besoin d'être une « personne spirituelle » pour comprendre les bases, c'est-à-dire que vous n'avez pas besoin de brûler de l'encens, de recharger vos cristaux ni de chanter à tout vent. Il s'agit plutôt d'être connecté. Lorsque l'on a compris que tout est histoire de connexion – c'est-à-dire que le mental, le corps et l'âme ne font qu'un – on commence à découvrir ce qui est vraiment important pour soi.

Pourquoi sommes-nous ici ? Tout simplement pour vivre. Posez-vous la question : est-ce que vous vivez, ou bien ne faites-vous qu'exister ?

Plus j'apprenais de choses sur cet élément et cherchais à trouver des styles de vie sains, plus je commençais à prendre conscience que l'ESPRIT joue un rôle crucial dans notre vie concrète. Plus nous désapprenons ce que nous « savons » et réapprenons ce que nous voulons être notre vérité, plus nous nous sentons comblés. Libérez-vous de tout ce que la société vous a appris. Plongez en vous-même afin de découvrir ce qui vous rend heureux, car la passion est ce qui vous mènera vers votre lieu de béatitude.

SE CONNECTER = LIBERTÉ ET BÉATITUDE

Qu'est-ce que chacun d'entre nous peut faire pour tirer parti du potentiel de l'élément esprit ?

Voici quelques petites astuces quotidiennes faciles à mettre en place qui pourront vous aider à vous connecter :

FAIRE DAVANTAGE CE QUI VOUS REND HEUREUX
Je sais que vous avez entendu cela des milliers de fois ! Mais… le faites-vous ? Même s'il ne s'agit que d'un tout petit pas. Par exemple, n'avez-vous jamais voulu être danseur de hip-hop (comme moi) ? Il est inutile de vous demander si cela va déboucher sur une nouvelle carrière, demandez-vous plutôt si fréquenter un cours de danse vous rendra heureux. Oui ? Alors, foncez !

ÉCOUTER SON INTUITION
Suivez votre intuition. Il se peut que vous ayez déjà entendu cela. En fait, il s'agit de votre instinct, qui, envoyé de l'élément terre vers votre troisième œil, vous offre un signe pour vous dire : « Tu sais ce qui est bon pour toi. » Accueillez ce précieux don, que nous possédons tous ! Plus nous sommes à l'écoute, plus nous entendons de messages. C'est comme si vous aviez appuyé sur un interrupteur : une fois que vous avez commencé à prendre conscience de la présence de messages cachés, vous ne pouvez plus les arrêter ! Embrassez les autres éléments au cours de ce processus et amusez-vous avec.

En ce qui me concerne, j'aime faire attention aux messages des esprits animaux, mais suivez ce qui vous parle : les plantes, les fleurs, les minéraux, les cristaux, les animaux, les anges, les gens, et même les sirènes ! Peu importe, accueillez ce qui peut vous aider à découvrir votre vérité !

DORMIR PLUS

Il se peut que vous vous demandiez en quoi cela a un rapport avec l'esprit ? La réponse est : beaucoup de choses. Comme nous avons tous besoin de dormir pour fonctionner correctement, vous pouvez considérer le sommeil comme un ami spirituel qui vous mène chaque nuit, en silence, au pays des rêves, et qui vous envoie de magnifiques messages en rêve. Cela permet à votre corps physique de se reposer et à votre âme de se réveiller et de danser. Le sommeil est un temps de récupération, de régénération et de restructuration vous permettant d'affronter la journée du lendemain. Plus nous avons d'heures de sommeil, mieux nous nous sentons, et plus nous sommes à même de recevoir les signes provenant des cinq éléments, ce qui nous permet d'entretenir une relation saine avec tout ce à quoi nous sommes liés. Ce qui, en d'autres termes, s'appelle l'« harmonie ».

AVANT D'UTILISER LES CARTES

RITUEL DE NETTOYAGE

Ce dont vous allez avoir besoin :

- vos cartes ;
- une surface plane ;
- une bougie et un briquet ;
- de la sauge, de l'encens ou votre matériel de purification.

Avant de commencer à utiliser vos cartes, il est important de prendre un petit moment pour vous connecter à elles, en tant que gardien de celles-ci. Cela afin de créer une synergie entre votre propre champ énergétique et celui de vos cartes, car elles possèdent leur propre énergie et peuvent souvent récupérer celle des personnes qui vous entourent.

En tant que gardien du règne animal, traitez toujours ces cartes avec un grand respect et engagez-vous auprès d'elles à honorer leur travail en ce bas monde, qui sera toujours le plus positif et le plus pur qui soit.

Il est de votre devoir de les nettoyer des énergies qu'elles pourraient avoir récupérées lors de leur processus de création et lors de leur trajet pour arriver jusque dans vos mains sacrées, ainsi que de les maintenir dans un état neutre pendant le temps qu'elles passeront avec vous. Vous pourrez avoir envie de faire ce rituel de manière régulière ou bien seulement la première fois et ensuite utiliser l'un ou l'autre des cinq éléments (peut-être celui avec lequel vous avez le plus d'affinités) de manière régulière.

Rituel de purification :
Étalez toutes les cartes sur une table ou sur le sol et mélangez-les.

LA TERRE :
Placez vos mains au-dessus des cartes et faites-les passer au-dessus de chacune d'entre elles comme si vous vouliez couper toutes les énergies indésirables qui y seraient attachées.
PRONONCEZ CES MOTS : Je nettoie votre aspect extérieur avec cette offrande issue de l'élément terre.

L'AIR :
Allumez un bâton de sauge ou de votre plante, herbe, encens ou matériau de purification préféré. Si vous avez une plume, utilisez-la pour diffuser doucement la fumée au-dessus de chacune des cartes.
PRONONCEZ CES MOTS : Je nettoie votre aura avec cette offrande de l'élément air.

L'EAU :
Fermez les yeux et connectez-vous au corps énergétique des cartes, comme s'il se trouvait assis en face de vous. Appelez-le de toutes vos forces et de tout votre cœur, et envoyez-lui de l'amour et toute votre sympathie.
PRONONCEZ CES MOTS : Je me connecte à ton âme avec cette offrande de l'élément eau.

LE FEU :

Rassemblez les cartes en une seule pile et battez-les vigoureusement jusqu'à ce qu'elles soient bien mélangées.
PRONONCEZ CES MOTS : Je vous dynamise avec cette offrande de l'élément feu.

L'ESPRIT :

Reposez les cartes sur la table et formez une pile, puis mettez vos mains au-dessus du paquet de cartes et fermez les yeux en envoyant vos intentions vibratoires les plus élevées dans leur champ énergétique.
PRONONCEZ CES MOTS : Je connecte mon énergie à la vôtre et je nous unis dans la lumière, l'obscurité et dans tout ce qui est, par cette offrande de mon esprit au vôtre.

NETTOYAGE RÉGULIER DES CARTES

Étant donné que ces cartes sont fabriquées à partir de matériaux d'origine naturelle et qu'elles servent à la divination, il peut s'avérer nécessaire de les nettoyer énergétiquement de temps en temps.

Pour vous assurer que les cartes restent neutres, il est conseillé de les nettoyer souvent en utilisant tous les rituels précités ou seulement l'un d'entre eux. Une chose simple et rapide à faire également consiste à nettoyer l'espace avec du son, soit avec un bol chantant, soit tout simplement en frappant dans vos mains au-dessus des cartes et tout autour d'elles. Vous pouvez très bien utiliser également des bâtons de fumigation et faire du reiki à vos cartes. Faites confiance à votre intuition quant à la technique à utiliser et la fréquence de nettoyage.

COMMENT UTILISER LES CARTES

Ces cartes sont extrêmement versatiles. Pour éviter de vous retrouver submergé par les différentes manières possibles de tirer les cartes, essayez, dans un premier temps, un des tirages ci-dessous afin de prendre confiance en vous. N'oubliez pas que, dans ce domaine, il n'y a pas vraiment de règle. Si vous voulez créer votre propre tirage, n'hésitez pas ! Tout ce qui compte réellement, c'est que vous vous sentiez bien et que vous preniez du temps pour vous reconnecter à vous-même !

Si quelque chose ne vous semble pas juste, je vous en prie, ne l'incarnez pas. Prenez uniquement ce dont vous avez besoin et ne vous préoccupez pas du reste.

AYEZ CONFIANCE. LÂCHEZ PRISE. AMUSEZ-VOUS.

TIRAGE RAPIDE AVEC UNE SEULE CARTE

OBJECTIF : Fournir un thème, un désir général et une attitude globale vis-à-vis de votre question, ou l'ambiance générale de la journée.

1. C'est la manière la plus rapide et la plus simple d'utiliser la magie des cartes. Cela peut être dans le cadre d'une pratique quotidienne ou lorsque vous en ressentez l'envie. Mélangez doucement les cartes tout en gardant un esprit clair et tirez-en une au hasard sur le dessus ou au milieu du paquet.

2. Lisez la signification ou l'interprétation de cette carte et laissez-la vous éclairer vis-à-vis de votre question ou accueillez-la comme étant le thème de votre journée.

I. CARTE CONCERNANT LE THÈME, LE DÉSIR, LA PRÉVISION ÉNERGÉTIQUE DE LA JOURNÉE

TIRAGE CONCERNANT L'ÉVOLUTION D'UNE SITUATION

OBJECTIF : Cela ressemble à un tirage de style passé-présent-avenir mais, étant donné que la conception d'un temps aussi linéaire ne fait pas écho en moi, il s'agit de mon interprétation d'un tirage de runes germaniques.

CARTE 1 : LA SITUATION – Représente la situation telle qu'elle a eu lieu ou telle qu'elle est en train de se passer en ce moment. Il s'agit de l'origine ou du cœur de la situation.

CARTE 2 : L'ÉVOLUTION – Représente le message sur lequel vous appuyer pour vous aider à faire en sorte d'obtenir le résultat désiré.

1. LA SITUATION : L'ORIGINE OU LE CŒUR DE LA SITUATION

TIRAGE SUR LES CINQ ÉLÉMENTS

OBJECTIF : Ce tirage va vous permettre de découvrir chacun des éléments en rapport avec votre situation actuelle ou vous offrir un aperçu général concernant chacun des aspects de votre vie au moment précis du tirage.

CARTE 1 : L'ESPRIT – Représente votre soi essentiel, votre vérité profonde, vos croyances fondamentales, ou bien il s'agit d'un message de l'Univers.
CARTE 2 : L'AIR – Représente votre état d'esprit, vos schémas de pensée, un indice sur ce que vous avez le plus besoin de savoir en ce moment.
CARTE 3 : LA TERRE – Représente les finances, l'abondance, le travail et la maison, les influences extérieures.
CARTE 4 : L'EAU – Représente vos relations, votre état émotionnel, la communication, l'influence de la Lune.
CARTE 5 : LE FEU – Représente la passion, les déplacements physiques, les résultats ou les conséquences, les signes ou les manifestations.

LES CINQ ÉLÉMENTS

1. L'ESPRIT : LE SOI ESSENTIEL
2. L'AIR : L'ÉTAT D'ESPRIT
3. LA TERRE : LE MATÉRIEL
4. L'EAU : L'ÉTAT ÉMOTIONNEL
5. LE FEU : L'ACTION

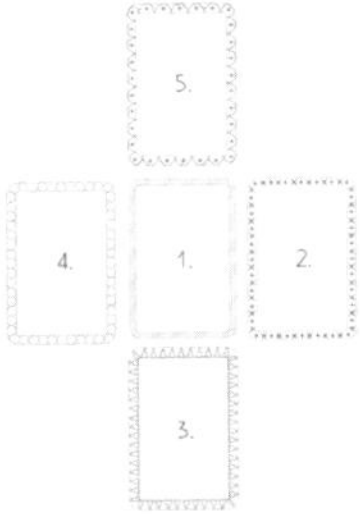

TIRAGE DE LA PYRAMIDE DU RÈGNE ANIMAL

OBJECTIF : Ce tirage va vous permettre de découvrir chacun des trois animaux principaux qui influencent votre vie en ce moment.

1. CARTE DE VOTRE ANIMAL DE POUVOIR : représente le cœur du problème ;
2. CARTE DE VOTRE ANIMAL ESPRIT : représente une influence positive qui vous aide à composer avec l'énergie qui vous traverse ;
3. CARTE DE VOTRE ANIMAL DE L'OMBRE : représente une influence négative ou une peur que vous devez reconnaître et guérir en ce moment.

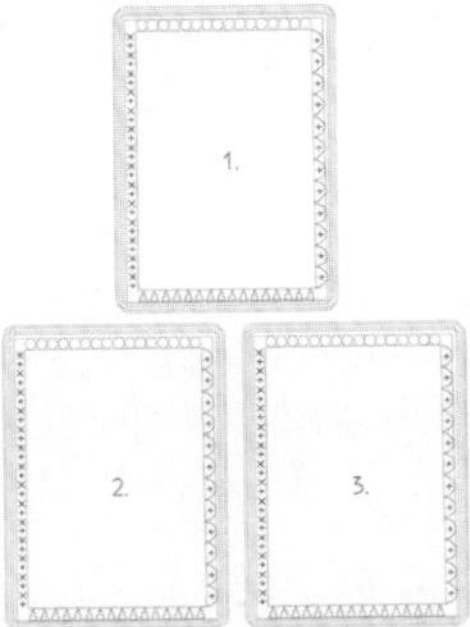

CONSEILS :
Il s'agit simplement d'indications, c'est pourquoi, après avoir utilisé ce tirage une ou deux fois, je vous invite à faire confiance à vos propres interprétations, uniques quant à la position des cartes et leur pertinence dans le cadre de votre lecture.

Souvenez-vous que les lectures doivent rester fluides. C'est pourquoi il est essentiel de faire confiance aux mots, aux idées et aux pensées qui peuvent s'imposer à vous car ils n'arrivent pas par hasard et ont une importance quant à l'énergie et au déroulement de la lecture. Essayez de ne pas laisser les règles, les normes ou les anciens schémas de pensée se mettre en travers de la route de la magnifique histoire du règne animal qui est en train de se tisser pour vous.

Je vous encourage à jouer, expérimenter, et à avoir confiance en vos capacités personnelles à créer vos propres « parfums » de lecture, d'interprétation et de guidance avec ces cartes. Ces tirages et ces recommandations d'ordre général sont faits pour être « remis en question » ou revisités pour être en parfaite harmonie avec votre état d'esprit du moment !

La chose la plus importante dont vous devez vous souvenir, c'est d'agir en conscience, avec amour et un esprit éclairé, et de toujours prendre du plaisir !

CARTES LIÉES À L'ÉLÉMENT TERRE

1.
LE BISON - GRATITUDE

LA TERRE

Message des bisons : Être profondément reconnaissant de ce que l'on possède déjà permet d'être épanoui.

Lorsque l'on observe des animaux qui vivent en troupeau, comme les bisons, on ne peut qu'être sensible au parfait désintéressement qu'ils manifestent vis-à-vis des vibrations harmonieuses ultimes dont ils dépendent pour leur survie. En effet, ils se déplacent ensemble en ne formant qu'un seul groupe, tout en conservant leur propre individualité ; ils broutent paisiblement et inlassablement sur tout leur territoire ; ils survivent en tant qu'individus et s'épanouissent en tant que troupeau. Ces géants magnifiques et paisibles semblent porter sur eux un air de gratitude.

Ils ont compris que, bien qu'il puisse y avoir des différences dans la vie et des difficultés qui leur sont propres, en définitive – pour protéger leur espèce – ils doivent marcher avec prudence et humilité tout en restant soudés.

Les bisons vivent dans des prairies où ils se déplacent en troupeaux pour gagner en force, être en sécurité et rester soudés les uns aux autres. Ils incarnent ce que signifie abandonner son ego et agir dans l'intérêt commun. Il est important de comprendre que c'est en appréciant à leur juste valeur les personnes qui nous entourent et qui suivent leur propre chemin (même si, en définitive, elles ont les mêmes buts et les mêmes désirs que nous) que nous pouvons supprimer les barrières qui nous empêchent énergétiquement de conserver une certaine unité, harmonie et force lorsque nous sommes nombreux, car ce sont des qualités nécessaires pour réaliser des objectifs communs.

En tant qu'herbivores, ces créatures dépendent énormément de Mère Nature, qui les nourrit, et, en retour, elle compte sur ceux qui l'aident à renaître sans cesse et à s'adapter. Cela peut aider les êtres humains à faire vraiment des parallèles avec la manière de traiter au mieux les cadeaux qui nous sont accordés et tout particulièrement ceux de notre Terre-Mère.

Lorsque l'on voit que des êtres si gros, si forts et si puissants peuvent survivre ici sur terre grâce à des éléments si facilement disponibles et renouvelables (la lumière du soleil, la pluie, le sol et les plantes), on ne peut que constater que, lorsque l'on accorde du respect à ces offrandes si importantes et si sacrées, notre gratitude est récompensée en retour par la véritable nature de la Terre-Mère, qui consiste à nourrir toutes les formes de vie qui l'habitent et à en prendre soin.

2.
LA CIGALE - CYCLES

LA TERRE

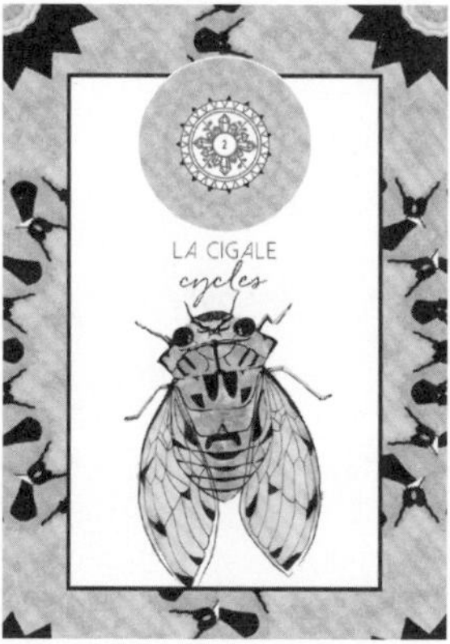

Message des cigales : Chaque expérience a sa raison d'être car elle façonne votre voix unique.

La cigale est le symbole ultime des cycles de la vie car elle nous apprend l'importance que revêt chacune des étapes de la vie dont nous sommes gratifiés. Au premier stade, les œufs sont protégés du monde extérieur et cachés dans l'endroit le plus sûr que la mère ait pu trouver. Ensuite, au stade larvaire, ces petites créatures s'enfouissent dans le sol près de l'endroit où leur mère les a déposées et elles creusent des galeries, créant ainsi des cavités dans lesquelles elles peuvent rester souvent enfouies jusqu'à dix-sept ans (maximum).

Cela représente la phase de notre vie où nous vivons comme des enfants, apprenant à utiliser nos instincts primaires pour survivre tout en nous sentant protégés, en choisissant de vivre plus dans le moment présent et en faisant appel aux principes de base pour grandir et nous épanouir. Grâce au sentiment de protection et de sécurité que leur procure le fait d'être enfouies dans le sol, les cigales creusent et construisent un espace sacré pour elles-mêmes en se nourrissant de la sève des racines des arbres.

À la fin de leur processus larvaire, elles sont suffisamment fortes et matures pour créer un tunnel vers la surface et sortir de leur cocon, ce qui leur permet ainsi de se débarrasser de leur peau sur une plante voisine et de voir le jour en tant que cigales adultes laissant derrière elles leur mue.

Cette étape est le symbole de la perte de notre statut d'enfant et de notre entrée dans l'âge adulte et dans l'indépendance. Cette étape est celle où la cigale commence à vivre sur les arbres, à décider de se reproduire et à attirer ses semblables grâce à sa force vibratoire et à son chant.

La cigale nous rappelle que toutes les étapes de la vie tiennent une place importante dans l'élaboration de l'existence que nous sommes censés mener et que toutes les choses que nous traversons sont uniquement des phases. Chaque étape nous offre de grandes leçons intérieures et extérieures sur notre entourage et sur nous-mêmes, ce qui façonne l'individu en devenir que nous sommes. Ces étapes nous rappellent également que chacun d'entre nous choisit de vivre les phases d'une manière qui lui est propre. D'un point de vue général, notre mission de vie consiste à poursuivre notre chemin en parcourant chacune des étapes qui nous sont proposées tout en en tirant le maximum d'enseignement et de croissance possibles.

3.
LA VACHE - NOURRITURE

LA TERRE

Message des vaches : Vous savez très bien ce dont vous avez besoin pour votre croissance.

Symbole de nourriture aussi bien matérielle que spirituelle, la vache est un magnifique talisman en matière de maternage, de maternité et de sagesse. Espèce considérée comme sacrée par la culture hindoue, la vache est vénérée en tant que source de vie, et ce, de très nombreuses manières. La vache est un herbivore paisible qui est un véritable défenseur du paysage. Elle fait appel à ses aptitudes naturelles pour créer et prendre soin des autres tout en continuant à faire la même chose pour son propre bien-être.

Grâce à une anatomie dotée de quatre estomacs, le système digestif des vaches est capable d'extraire le maximum de nutriments de la nourriture qu'elles mangent. La nourriture absorbée par une vache subit beaucoup plus de processus de transformation que chez un être humain, ce qui pourrait être un excellent exemple nous démontrant que le plus important ne réside pas toujours dans les aliments avec lesquels nous choisissons de nous nourrir, mais plutôt dans la manière dont nous décomposons et transformons cette nourriture pour notre propre croissance et notre développement.

Nous pouvons faire un parallèle avec les choses dont nous choisissons de nous « nourrir », que ce soit de manière positive ou négative. En effet, cela nous apprend que, même si la vie peut être parsemée d'embûches, c'est ce que nous choisissons d'en faire qui nous façonne tout au long de notre existence.

Nous dépendons énormément des vaches dans nos modes de vie modernes. Néanmoins, lorsque nous ne restons pas uniquement focalisés sur ce qu'elles peuvent nous offrir matériellement – c'est-à-dire en considérant qu'elles ne sont pas que du lait, du cuir et de la viande –, nous pouvons découvrir qu'elles nous enseignent réellement comment profiter au mieux de ce que nous avons, en véritables maîtres de la Terre-Mère, et comment nourrir notre être créatif.

Les vaches ont un lien très fort avec leurs petits, qu'elles nourrissent de leur excellent lait pendant toute une année. Elles nous montrent à quel point il est important de nourrir nos créations, de les faire grandir dans l'amour, la protection et le désintéressement, ce qui, en retour, nourrit notre propre âme.

Bien que les vaches soient, de manière générale, un symbole répandu de nourriture matérielle, elles peuvent nous montrer que, pour découvrir la clé de la véritable nourriture sous toutes ses formes, nous devons renforcer notre lien avec notre être créatif, physique et spirituel, et que le meilleur moyen d'y arriver est de suivre ses propres instincts naturels et de s'inspirer de la sagesse terrestre.

4.
LE CERF - GRÂCE

LA TERRE

Message des cerfs : Sachez discerner si vous devez entrer dans la bataille ou battre subtilement en retraite.

Les premières associations d'idées qui viennent à l'esprit lorsque nous pensons à cet animal font que nous sommes souvent enclins à avoir l'image d'un cerf qui se tient tranquillement debout dans un bois, le regard fixe, comme s'il était en permanence en état d'alerte. Il émane du cerf une attitude tranquille, celle d'un animal foulant gracieusement le sol, cherchant sa nourriture, ruminant ou échappant à un danger potentiel ou à des prédateurs.

Bien qu'étant très sensibles et souvent craintives, ces majestueuses créatures, avec leurs extraordinaires bois sur la tête, peuvent également dégager une forte présence. Comme beaucoup de mammifères terrestres, les mâles peuvent se battre lorsqu'ils rencontrent de la concurrence et afficher une certaine supériorité, manifeste lorsqu'un cerf pense être le meilleur candidat pour une partenaire.

Le cerf nous apprend à être en phase avec notre environnement et à ne pas devenir suffisants dans la vie en général. Bien qu'il soit considéré comme une bête gracieuse et paisible, le cerf est également bien armé pour gérer les nombreux défis qu'il rencontre dans la vie quotidienne.

Nous pouvons remarquer à quel point cela se reflète dans notre vie – cette intuition qui nous fait savoir que quelque chose ne semble ou ne sonne pas juste, ou qu'on ne le sent pas. Il est question ici d'affiner ce droit de naissance et de savoir faire la différence entre des situations présentes qui seraient menaçantes et une tendance à une trop grande sensibilité générale.

Le cerf n'est pas seulement un symbole de beauté physique. En effet, il nous montre surtout que la beauté correspond également à la manière dont nous incarnons nos corps énergétiques et à quel point il est important de se relier à cette beauté énergétique afin de la laisser s'écouler dans toutes les sphères de la vie.

5.
LA CHÈVRE - ANCRAGE

LA TERRE

Message des chèvres : Ayez confiance en votre capacité à atteindre les plus hauts sommets.

La chèvre est un ancien symbole de fertilité, de vitalité, de sexualité et d'énergie débordante. Le côté intrépide de la chèvre lui permet d'essayer de faire absolument tout, ce qui met en valeur sa capacité à résoudre les problèmes. En l'absence de peur, on peut accéder à une grande liberté. Les chèvres sont connues pour réussir à s'échapper des enclos construits par les hommes grâce à leur persévérance, leur intelligence, et parce qu'elles n'ont pas une image négative d'elles-mêmes qui, sinon, les empêcherait d'essayer quoi que ce soit.

Les chèvres sont très agiles, équilibrées, et bien stables sur leurs pattes. Leur ancrage énergétique leur permet d'avancer dans la vie en toute confiance, avec aisance et joie. Elles nous rappellent que, lorsque nous avons confiance en nos propres capacités, nous nous sentons plus en sécurité pour prendre de grands risques.

Leur nature curieuse et audacieuse les pousse à grimper aux arbres, sur des rochers et sur des coteaux escarpés, les conduisant ainsi dans des endroits où peu d'autres animaux choisiraient d'aller. La chèvre nous rappelle de nous élever au-dessus des drames, des peurs et de la négativité afin d'obtenir une meilleure vue d'ensemble. Les chèvres ont une capacité d'adaptation incroyable et sont très ouvertes et réceptives au changement.

6.
LE JABIRU - FONDATION

LA TERRE

Message des jabirus : Des priorités bien adaptées sont la base d'une vie équilibrée et paisible.

Le jabiru est une grosse cigogne, c'est un grand volatile ayant la deuxième plus grande envergure parmi tous les oiseaux. Au niveau physique, on remarque vite ses particularités prédominantes, comme son gros bec, puissant et pointu, et ses yeux vifs et presque sinistres. Voir un de ces oiseaux en chair et en os est réellement une expérience incroyable, car il émane d'eux une présence extrêmement forte.

Aimant se nourrir de crustacés, de poissons et de petits reptiles, les jabirus se rassemblent près des cours d'eau. Bien qu'ils aient tendance à mener un style de vie nomade, ils élèvent leurs petits ensemble et s'unissent pour la vie. À cause de sa grande taille, le jabiru doit courir sur une longue distance pour pouvoir prendre son envol, ce qui constitue un trait caractéristique propre à cette espèce imposante.

Nous pouvons remarquer comme cet oiseau semble avoir les pieds sur terre dans son approche de la vie – en choisissant de rester responsable et d'agir en respectant ses propres limites – tout en ne laissant pas ces limites l'empêcher d'explorer de nouveaux sommets ou de suivre son chemin en tant qu'individu. Il semble avoir trouvé le parfait équilibre entre indépendance et engagement.

Le jabiru nous montre que non seulement nous avons besoin de courir avant de prendre notre envol, mais également que nous avons besoin de prendre en compte nos priorités et nos centres d'intérêt ou buts dans la vie avant de décider d'entreprendre de nouvelles aventures ou de suivre de nouveaux chemins. Il est crucial d'avoir des bases solides si l'on veut mener à bien ses rêves. C'est pourquoi, en gardant à l'esprit les « raisons » qui nous poussent à agir tout en travaillant dur dans le but de se créer un cadre solide, on s'autorise non seulement à récolter les fruits qui en découleront, mais également à les apprécier encore plus, ainsi que le temps et l'énergie que l'on aura investis dans ce but.

7.
L'ORANG-OUTAN - CRÉATION

LA TERRE

Message des orangs-outans : Ce n'est pas le but, mais le chemin, qui compte en matière d'épanouissement.

L'orang-outan, en tant que l'un de nos plus proches cousins, nous rappelle notre nature primitive et notre chemin d'évolution en tant qu'êtres humains. On ne peut s'empêcher de se reconnaître dans les yeux d'un orang-outan et de ressentir un lien profond et une certaine intimité avec sa nature paisible, joviale, et néanmoins sage et équilibrée.

L'orang-outan est par nature solitaire, la seule exception étant lorsque les mères s'occupent de leur petit puisqu'ils sont inséparables pendant les deux premières années. Tout comme les êtres humains, les orangs-outans ont besoin de plusieurs années pour atteindre la maturité sexuelle et passent les dix premières années de leur vie à apprendre et à jouer. L'orang-outan vous invite à prendre soin de votre enfant intérieur et à lui donner la parole afin de laisser s'exprimer votre créativité en toute confiance et sans vous juger.

Les orangs-outans vivent la majorité de leur vie dans les arbres et construisent des nids sophistiqués où ils se reposent et peuvent se mettre en sécurité afin de retrouver des forces la nuit et pendant la journée. Ils entretiennent un lien très fort avec les arbres et sont soutenus, à proprement parler, par leurs branches solides, où ils se tiennent suffisamment en hauteur pour être à l'abri des prédateurs qui patrouillent au sol et qui sont incapables de grimper aux arbres. Si nous suivons l'exemple du comportement des orangs-outans, nous pouvons percevoir la nécessité de créer un lieu sûr ou un cocon pour soi-même. Un lieu sacré où se reposer, créer, et où l'on puisse rêver.

Un des rares animaux ayant appris comment utiliser des outils pour régler des problèmes et se faciliter la vie, l'orang-outan vous demande de réfléchir de manière créative à votre situation afin de trouver une nouvelle solution innovante pour atteindre vos objectifs et avancer avec aisance et grâce.

8.
LA PAONNE - MATERNAGE

LA TERRE

Message des paonnes : La manière dont vous vous occupez des autres est révélatrice de la manière dont vous aimeriez que l'on s'occupe de vous.

Un peu à l'image des poules, la paonne a de tout temps été associée au symbole de la maternité, de la fertilité, de l'harmonie et du soin prodigué aux autres. Elle nous rappelle de puiser dans notre capacité à materner et de prendre du temps pour nous occuper de nous, prendre soin de nous, nous reposer et récupérer si nous nous sommes trop dispersés ou si nous sommes surmenés.

La paonne célèbre également la joie que nous ressentons lorsque nous aimons, apprécions les autres ou nous en occupons. Être généreux envers ses proches ne signifie pas de faire des cadeaux ni d'offrir des objets matériels, mais plutôt de donner un peu de soi-même en offrant un peu de notre temps, de la compassion, en apportant notre soutien, en créant un environnement accueillant, sûr et exempt de négativité.

Les paonnes sont des oiseaux sociaux qui vivent en groupe. Elles créent une certaine hiérarchie ou un certain ordre hiérarchique au sein de leur communauté afin de fonctionner de manière efficace. La paonne vous demande de faire la paix avec le rôle que vous tenez au sein de la hiérarchie familiale, sociale et professionnelle à laquelle vous appartenez et de le jouer avec l'intention de soutenir le groupe en tant qu'entité. Résister à faire ce pour quoi vous êtes intrinsèquement né ne fera que vous tenir éloigné de votre vérité et séparé de votre clan.

La paonne nous enseigne que les personnes qui nous ont été spirituellement confiées dans cette vie-ci peuvent nous demander de nous occuper d'elles (ce qui inclut également notre propre soi !). Pour ce faire, nous devons accorder la priorité au fait de prendre soin de nous et des autres au niveau physique, mental et spirituel. Il ne peut y avoir de plus belle récompense que d'offrir de l'amour, du soutien et un sentiment de paix inconditionnels aux personnes que nous aimons. Cela, en retour, se reflète dans notre propre vie en nous permettant d'augmenter notre propre potentiel et de devenir une figure plus forte et plus importante parmi notre entourage.

9.
LE COCHON - ABONDANCE

LA TERRE

Message des cochons : Focalisez votre attention sur ce que vous avez réellement.

Les cochons ont une très grande capacité d'adaptation : ils sont capables d'acquérir de nouvelles compétences et de s'acclimater à de nouveaux environnements ainsi qu'à de nouvelles situations avec facilité. Ayant peu de prédateurs naturels (grâce à leur capacité à se reproduire rapidement et au fait qu'ils peuvent tout simplement se nourrir de tout et de n'importe quoi), les cochons savent s'adapter à l'abondance et aux résultats positifs, quel que soit leur environnement. Ils nous invitent à découvrir l'abondance qui est déjà généreusement présente dans notre vie.

Un des animaux les plus intelligents connus des hommes, le cochon est capable de résoudre des problèmes avec facilité. Il possède plus d'aptitudes physiques que nous ne leur en accordons, comme la nage, la course rapide et la régulation de leur température corporelle en ayant recours à l'eau et à la boue.

Les truies constituent des groupes sociaux avec les autres femelles et leurs petits alors que les mâles sont plutôt des animaux solitaires (sauf en période de reproduction). Au sein de leur groupe, les cochons jouent ensemble, coopèrent en vue d'atteindre des objectifs communs et communiquent par des gestes corporels et en émettant des sons.

Notoirement connus pour être des animaux « sales », les cochons sont en réalité des animaux assez propres et soignés. En effet, ils nettoient leurs bauges et ont un espace dédié pour faire leurs besoins. Étant donné que les cochons n'ont pas la capacité de transpirer, il est dans leur nature de se rafraîchir dans de l'eau ou de la boue.

Les cochons nous enseignent que, lorsque nous nous défaisons du sentiment d'insécurité, nous pouvons automatiquement voir et embrasser l'abondance de toutes les choses que nous chérissons dans la vie.

10.
LE REQUIN - INSTINCT

LA TERRE

Message des requins : Prenez-vous en charge et avancez avec conviction.

Les requins règnent en maîtres sur les océans. Ils utilisent leurs instincts primaires et le lien intuitif qu'ils entretiennent avec leur environnement naturel pour survivre de manière autonome et rester en haut de la chaîne alimentaire.

Les requins sont bien connus pour avoir un odorat très développé et pour pouvoir déceler la présence de sang dans l'eau à de très longues distances. Cette capacité leur permet de trouver un repas facile sous la forme d'une bête blessée sans qu'ils aient besoin de dépenser de l'énergie à chasser ni à poursuivre une proie. En utilisant leurs capacités et leurs instincts naturels de cette manière, les requins peuvent se laisser aller à la facilité et à la fluidité dans leur vie en choisissant toujours la route la plus rapide et la plus directe pour atteindre exactement le but souhaité.

Vous exhortant à vous faire confiance, à « suivre votre intuition » et à agir de manière audacieuse en vous fiant à vos vrais instincts et à votre sagesse intérieure supérieure, le requin est un symbole de survie, de perception claire et de confiance en sa guidance intérieure. Il nous enseigne que ce n'est pas parce que l'on ne voit pas une chose avec nos yeux que cela signifie nécessairement qu'elle n'est pas là.

Les êtres humains naissent avec des outils et des sens prédominants qui les aident dans la vie à aller là où ils ont besoin d'être, et les requins nous apprennent à vraiment aiguiser les sens qui demandent de la confiance ou de l'abandon. Le requin nous demande comment nous nous sentons. Que nous dit notre corps ? Si nous fermons les yeux et restons en silence dans le noir, vers quoi nous sentons-nous appelés ? Et allons-nous choisir d'y aller avec conviction ?

Les requins nous enseignent que c'est en nous abandonnant à l'inconnu que nous pourrons avoir confiance en nos dons innés.

Faites confiance à votre corps et à votre esprit pour vous guider sur le chemin le plus facile et le mieux adapté pour vous permettre de découvrir ce que vous cherchez.

11.
LE PARESSEUX - SAGESSE

LA TERRE

Message des paresseux : Abandonnez vos vieux vêtements et plongez profondément en vous-même pour trouver la paix et des points de repère.

Mammifère le plus lent à se mouvoir au monde, le paresseux a une compréhension claire de ce qui est important et de ce qui ne l'est pas. Le paresseux ne prend pas de décision à la légère.

En effet, il y a toujours une intention sous-jacente derrière chacune de ses décisions, et il est plein de ressources pour éviter les prédateurs et trouver sa nourriture. Les paresseux peuvent sembler être des proies faciles pour les prédateurs, mais en fait ils sont maîtres dans l'art du camouflage. En effet, ils se fondent avec les arbres qui les abritent et se déplacent très lentement pour éviter d'être repérés.

Cet animal est sage, paisible et curieux dans sa manière d'appréhender le monde. De plus, le paresseux peut faire pivoter sa tête à 270 degrés et percevoir le monde sous différents angles. Cette particularité unique nous invite à adopter un nouveau point de vue, à voir une situation dans son ensemble et à modifier nos croyances négatives sur les autres…, et peut-être même à trouver le chemin du pardon.

Les paresseux peuvent rester dans le même arbre pendant plusieurs années car, si leurs besoins sont suffisamment satisfaits, ils ne voient aucune raison d'en vouloir plus. Ce sont de véritables maîtres dans l'art d'être à l'aise et d'avoir confiance dans sa propre immobilité. Leur digestion est très longue, ce qui nous rappelle à juste titre que, dans ce monde où tout va très vite, nous devrions agir sans hâte afin de laisser les choses prendre le temps de nous traverser jusqu'à ce que nous sentions que le moment est venu de nous en libérer.

Ne faire qu'un avec la terre et incarner son essence même peut réveiller nos propres énergies intérieures de femme sage ou de vieille sorcière. Dans ces moments-là, il nous est rappelé de nous dépouiller de tout pour aller à l'essentiel et de chercher profondément en nous ce qui est réellement important pour nous. Penser que nous ne sommes pas assez bien ou que nous n'en faisons pas assez nous empêche d'évoluer au niveau de notre être spirituel plus profond et plus sage. Moins donner et recevoir davantage est peut-être la clé pour retrouver une meilleure vision des choses.

12.
LE WOMBAT - EXPLORATION

LA TERRE

Message des wombats : La clé de l'équilibre entre tous les appels de la vie consiste à explorer de nouvelles solutions créatives.

Les wombats sont parmi les plus gros animaux fouisseurs terrestres. En effet, ils creusent des terriers, qui deviennent leur habitat de jour, car ils ne s'aventurent à l'extérieur pour se nourrir d'herbes, de feuilles et de racines qu'au coucher du soleil.

Leur maison souterraine, qui s'avère souvent immense, peut comprendre jusqu'à douze terriers, bien qu'ils aient tendance à n'en utiliser que quelques-uns de manière fréquente.

Le wombat peut se montrer assez possessif vis-à-vis de son terrier, c'est pourquoi il a tendance à laisser beaucoup d'odeurs derrière lui pour marquer son territoire.
Il a très peu de prédateurs dans son habitat naturel, en Australie, ce qui signifie qu'il peut se promener et explorer son environnement sans trop de danger. Il est robuste et ne craint pas le froid, c'est pourquoi on le trouve souvent dans les régions montagneuses et enneigées.

Animal plutôt solitaire, le wombat nous montre que l'exploration intérieure (ainsi que l'exploration extérieure, du monde réel) est essentielle à la croissance et au développement de notre âme. Il nous enseigne également l'importance d'avoir un bel endroit où l'on se sent bien et en sécurité, et qui n'appartient qu'à nous et à nous seuls – physiquement, mentalement et spirituellement.

Contrairement à la plupart des autres mammifères de la famille des marsupiaux, le wombat a une poche ventrale qui s'ouvre vers l'arrière afin que la femelle puisse protéger et élever son petit tout en ayant la possibilité de continuer de faire ce qui lui plaît (excaver, creuser et déraciner des choses) sans trop gêner celui-ci ni que cela ait de conséquence sur la vie de celui qu'elle aime. Les wombats sont des animaux passés maîtres dans l'art de trouver un équilibre entre devoir et passion.

13.
LE LOUP - LIEN

LA TERRE

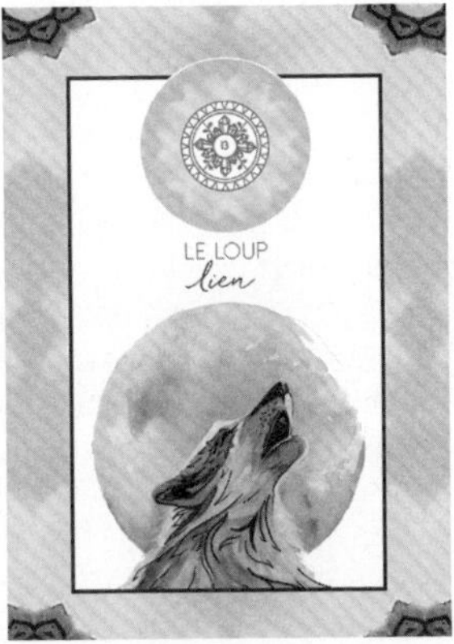

Message des loups : Tournez-vous vers votre communauté pour voir ce qui vous relie à votre pouvoir.

Le loup nous rappelle l'importance des relations que nous entretenons avec notre famille et nos amis. Ce sont des animaux territoriaux qui défendent avec force leur habitat et leur zone de chasse vis-à-vis des autres loups. Le loup peut nous enseigner comment canaliser notre loyauté, notre dévouement, notre instinct de protection et notre altruisme vis-à-vis de nos proches.

Bien que les loups soient souvent décrits comme étant des animaux solitaires, en réalité ils ont simplement un sens aigu de ce qu'ils sont en tant qu'individus, ainsi que du rôle qu'ils jouent au sein de leur communauté. Ces qualités font qu'ils sont considérés pour ce qu'ils sont, à savoir des animaux forts, puissants, et des prédateurs.

Les loups sont généralement monogames et partenaires à vie, et élèvent leurs petits en couple jusqu'à ce qu'ils soient adultes. Ils coopèrent pour chasser et utilisent des hurlements pour rassembler la meute et pour s'informer les uns les autres si un danger menace leur tanière.

Les loups s'adaptent incroyablement bien aux changements d'environnement et de climat, et peuvent supporter des températures allant jusqu'à moins quarante degrés. Leur fourrure duveteuse leur permet d'avoir chaud même lorsqu'ils dorment sur la neige ou sur la glace. Cela prouve que, lorsque l'on est connecté à sa propre source d'énergie, on est protégé contre des circonstances extérieures souvent extrêmes.

CARTES LIÉES À L'ÉLÉMENT EAU

14.
LE CRABE - CONFIANCE

L'EAU

Message des crabes : Choisir la vulnérabilité est le chemin de croissance le plus direct.

Le crabe est le symbole par excellence d'un être ayant une apparence dure et une carapace émotionnelle affichant un comportement agressif et toujours sur la défensive. Le crabe nous enseigne que, bien que la résilience soit essentielle pour être épanoui émotionnellement, physiquement et mentalement, il est tout aussi important d'honorer également notre être intérieur et notre être extérieur, qui sont doux, malléables, délicats et précieux.

La capacité à marcher de côté est un moyen qui permet au crabe d'éviter facilement les dangers qui arrivent et de contourner aisément les obstacles. Les crabes communiquent entre eux en agitant leurs pinces et en les faisant claquer. Ils ont confiance en ces capacités uniques pour se frayer un chemin au milieu des obstacles de la vie et rester connectés les uns aux autres. Les crabes nous apprennent à avoir confiance dans le fait que, même s'il y a des personnes prêtes à venir à notre secours, il n'y a que nous qui puissions réellement nous venir en aide pour traverser les épreuves et accueillir les perpétuels changements inhérents à la vie.

Les crabes nous rappellent qu'il est important de protéger tout notre être. Et quand bien même nous devons souvent nous déplacer d'un endroit à un autre, que ce soit physiquement, émotionnellement ou mentalement, nous devons faire confiance au processus qui est à l'œuvre si l'on veut survivre et être épanoui. Ce faisant, nous sommes sur une fréquence qui nous aide à prendre conscience que nous nous sommes détachés de ce qui nous était familier en grandissant, et donc à avoir confiance dans le fait que c'est en poursuivant notre route, quelle que soit la direction que nous prenions, que nous allons apprendre et grandir au fur et à mesure.

Le crabe nous montre qu'en ayant confiance dans le fait que nous serons toujours protégés et soutenus quelle que soit la direction que l'on prenne, on devient sans conteste la meilleure version possible de soi-même.

15.
LE CHIEN - PARDON

L'EAU

Message des chiens : Se pardonner à soi-même et pardonner aux autres permet de s'ouvrir à l'amour et à la liberté.

Les chiens sont les descendants domestiqués des loups. En tant qu'animaux domestiques et de compagnie, les chiens ont de tout temps été associés à la loyauté, l'empathie, l'amusement et la joie. En tant qu'animaux sauvages, les chiens sont d'agiles chasseurs capables de courir sur de longues distances sans se

fatiguer, en puisant dans leur détermination intérieure pour dépasser leur fatigue physique et continuer d'avancer.
Les chiens sauvages unissent leurs forces au sein de la meute pour coordonner leurs chasses, défendre leur territoire et s'occuper de leurs petits. Ils prennent également le temps de s'amuser.

Les chiens sont dotés de sens très développés, ils ont une ouïe très fine, un œil vif qui détecte le moindre mouvement et une capacité à réagir rapidement. Ils sont perpétuellement confiants et fidèles envers les êtres dont ils partagent la vie et sont enclins à leur pardonner sans cesse. Leur prédisposition à incarner l'amour inconditionnel fait d'eux les maîtres incontestés en matière de pardon. Quelles que soient les circonstances, un chien a le don de choisir de vivre toujours dans le moment présent et de sauter sur toutes les occasions qui lui sont offertes de donner et de recevoir de l'amour et de la compagnie.

Les chiens sont réputés pour savoir donner de l'amour et des marques d'affection gratuitement, souvent sans rien attendre en retour. Ils sont extrêmement intuitifs grâce à leurs sens développés qui leur permettent de se connecter à l'essence même de notre âme, choisissant ainsi de se laisser guider par l'énergie et l'intention qui se cachent derrière les mots et les actes, plutôt que de s'attacher à leur sens littéral.

16.
LE DAUPHIN - JEU

L'EAU

Message des dauphins : C'est par le jeu que vous atteindrez votre but.

Réputé pour ses démonstrations majestueuses de danses sous-marines, ses acrobaties et ses sauts hors de l'eau, le dauphin nous rappelle de mettre du jeu et de l'amusement dans chaque instant de notre vie, même lorsque nous faisons des choses essentielles.

Les dauphins sont des êtres sociaux qui dépendent de leur groupe pour la chasse et leur sécurité. Les dauphins n'atteignent pas la maturité sexuelle avant au moins l'âge de cinq ans, ce qui leur donne la possibilité de passer plusieurs années d'apprentissage auprès de leur mère et leur permet de développer des habitudes enfantines de jeu qu'ils conserveront à l'âge adulte. Ils communiquent entre eux grâce à leurs sifflets si uniques qu'ils leur permettent de localiser leurs congénères et de coordonner leurs plans de chasse.

Les dauphins révèlent notre enfant intérieur et lui donnent l'occasion de batifoler et de s'amuser en toute innocence et avec une grande capacité d'émerveillement. Ils sont le reflet du désir profond qui nous anime de revenir aux souvenirs ludiques de notre enfance et nous montrent comme nous aimons faire des choses qui nous illuminent de l'intérieur, préférant la passion, la liberté, la curiosité et les relations aux contraintes liées aux responsabilités et au devoir. Les dauphins sont tout aussi enclins à apprendre au moyen de l'exploration et de l'expérimentation qu'à observer et imiter les comportements typiques de leurs congénères.

17.
LA LIBELLULE - IMAGINATION

L'EAU

Message des libellules : Chercher à l'intérieur de soi libère un potentiel infini.

La libellule est un totem de transformation, d'adaptabilité, et qui est lié aux rêves. Ses ailes délicates et colorées nous relient à la beauté qui nous entoure et nous rappellent d'être reconnaissants pour tout ce que nous avons déjà dans notre vie.

Les libellules sont rapides, agiles, et peuvent faire du surplace avant de s'envoler subitement en changeant de direction, nous montrant ainsi l'abondance de possibilités et de choix qui s'offrent à nous si nous sommes disposés à agir différemment de nos habitudes. Les libellules ouvrent les portes du royaume des fées et des autres esprits de la nature qui, tous autant qu'ils sont, nous soutiennent dans notre imagination, nos créations et la mise en œuvre de la vie dont nous rêvons.

Près des cours d'eau, où elles choisissent de vivre, il nous arrive souvent d'observer une libellule faire délicatement du surplace sur des pierres ou les plantes environnantes, juste au-dessus de la surface de l'eau. Leur reflet sur l'eau nous rappelle comme nous avons souvent tendance à juger par rapport à ce que l'on voit en surface, alors que nous devrions regarder plus en profondeur pour avoir une meilleure compréhension des choses et voir ce qu'il y a sous la surface.

Utiliser son imagination permet de libérer sa capacité à créer une vie remplie de possibilités, d'abondance et de création. La libellule nous exhorte à cesser de nous inquiéter à propos des choses que l'on voit en surface et à prendre conscience qu'il s'agit simplement du reflet de problèmes plus profonds à résoudre.

18.
LE CANARD - CONNAISSANCE

L'EAU

Message des canards : Vous en savez suffisamment pour guider les autres.

Bien que les canards aient de nombreux prédateurs naturels, ils abordent la vie avec une vigilance calme, prêts à s'envoler, à courir, à patauger ou à plonger sous l'eau pour se mettre en sécurité à tout moment. Les canards sont connectés à la terre dans le sens où ils ont à la fois besoin d'eau et de plantes aquatiques. Leur alimentation omnivore se compose essentiellement d'algues, de plantes, de poissons, d'insectes, de vers, d'amphibiens et d'herbes qui se trouvent près de points d'eau.

Réputés pour leurs migrations intercontinentales, les canards possèdent un baromètre interne instinctif qui leur permet de savoir à quel moment précis ils doivent changer de lieu pour le plus grand bien de l'espèce. Non seulement ils vivent en harmonie avec les saisons mais, de plus, ils font confiance à leur intuition par-dessus tout pour les guider lors de chacun de leurs déplacements. Les canards migrent avec tout leur groupe familial en maintenant une même formation de vol en V du décollage à l'atterrissage.

Les jeunes canetons apprennent de leurs parents la nature des paysages, ce qui leur permet de mémoriser des points de repère qui leur seront utiles plus tard. Cela peut être interprété comme un clin d'œil qui vous rappelle que, quel que soit le lieu où vous êtes appelé à aller, vous pouvez ressentir en permanence une certaine paix intérieure en vous souvenant qu'il y aura toujours un endroit où vous pourrez revenir pour retrouver le sentiment de sécurité et la sensation de quelque chose de familier dont votre esprit a besoin.

Les plumes des canards sont hydrophobes, ce qui leur offre une flottabilité maximale et leur permet de se déplacer dans l'eau sans effort. Ils nous apprennent à éviter de trop nous encombrer de bagages émotionnels qui nous alourdissent inévitablement sur notre chemin de vie et, à la place, à garder le contrôle en nous concentrant sur nos forces tandis que nous pagayons de l'avant avec conviction et grâce.

19.
LE FLAMANT ROSE - COMMUNAUTÉ

L'EAU

Message des flamants roses : J'apporte mon aide et mon soutien avec amour, affection et attention.

Les flamants roses sont des oiseaux très sociaux qui vivent dans des colonies pouvant compter des milliers d'individus. Ils se rassemblent non seulement pour se nourrir ensemble et trouver un partenaire pour s'accoupler, mais également pour être en sécurité face aux prédateurs. Lorsque leurs petits ont à peine quelques semaines, ils organisent une sorte de garde d'enfants afin que la plupart des adultes puissent s'éloigner pour s'alimenter et trouver de la nourriture pour leurs poussins qui grandissent. Les flamants roses voyagent sur de longues distances, migrent pour trouver des sources de nourriture abondantes, et on les retrouve habituellement dans les mêmes endroits année après année.

Les flamants roses ont à cœur de maintenir les traditions. Lors de la parade nuptiale, ils effectuent des ballets synchronisés (appris et répétés) afin d'attirer un partenaire. Les flamants naissent avec un plumage gris pâle, mais, grâce à leur consommation régulière d'aliments riches en bêtacarotène (à savoir des crustacés comme les crevettes, des algues et d'autres plantes), le pigment est transformé en graisse, puis utilisé pour la croissance de nouvelles plumes, qui seront par conséquent roses.

Le rose est la couleur qui symbolise l'amour, la compassion et le maternage, ce qui est le moteur de ces magnifiques oiseaux dans la vie. Grâce à leurs attributs physiques et à leur comportement, ces oiseaux aquatiques nous apprennent à nous connecter à notre entourage, à demander de l'aide lorsque c'est nécessaire, à donner de notre temps et à offrir nos services aux personnes que l'on aime.

20.
LA MÉDUSE - FLUX

L'EAU

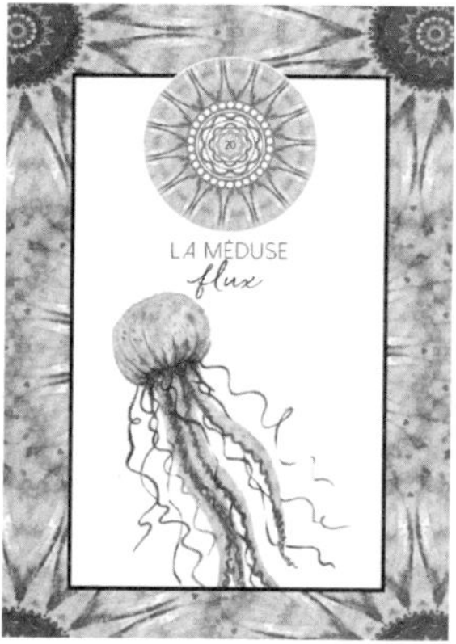

Message des méduses : Abandonnez-vous à vos flux et reflux intérieurs.

La méduse semble avoir une attitude passive, détendue et gracieuse. Les méduses sont des créatures aquatiques qui dilatent et contractent leur corps en forme de cloche pour se propulser et se laisser entraîner par le courant. Elles utilisent également cette capacité unique pour s'élancer vers une proie potentielle en utilisant leurs tentacules comme des filets dérivants pour capturer et consommer leurs victimes. Les méduses déploient une très petite quantité d'énergie pour subvenir à leurs besoins, démontrant ainsi qu'elles sont véritablement passées maîtres dans l'art de faire le minimum d'efforts pour obtenir un maximum de résultats.

La méduse nous apprend l'importance de lâcher prise, de nous abandonner et de nous laisser aller au gré des flux et reflux naturels des vagues de la vie. Physiquement, bien que les méduses soient principalement composées d'eau et qu'elles aient une forme gélatineuse, elles sont alimentées et protégées par leur corps hydrostatique, qui leur permet d'absorber l'oxygène contenu dans l'eau et de recevoir des informations les aidant à détecter des prédateurs et des proies. La méduse est l'animal énergétiquement le plus efficace sur terre.

Leur apparence semi-transparente nous montre que, pour nous épanouir, nous devons parfois choisir de nous fondre dans la masse afin de faire l'expérience de certains aspects de la conscience collective. On peut associer le fait qu'elles se détachent du groupe et se retrouvent sur le rivage au fait que nous sommes prêts à suivre notre propre courant et à nous élancer sur les chemins de notre aventure personnelle.

21.
LA RAIE MANTA - PRÉSENCE

L'EAU

Message des raies mantas : Votre plus grande force réside dans le fait d'être présent à ce qui est. Soyez dans l'ici et le maintenant.

Les raies mantas sont de paisibles géants des mers qui possèdent le plus gros cerveau, proportionnellement à la taille de leur corps, de tous les poissons de l'océan. On peut les reconnaître grâce à leurs taches noires et blanches ainsi qu'à leur façon de nager, ou de voler, comme une couverture dans l'eau.

Bien qu'elles puissent sembler assez intimidantes – elles sont souvent appelées « diables de mer » à cause de leurs taches sombres et de leurs nageoires en forme de cornes –, les raies mantas (contrairement aux autres raies) sont relativement inoffensives.

Choisissant de voler paisiblement dans les océans avec une épine caudale qui n'est pas un moyen de défense, elles se nourrissent de plancton et de petits crustacés en filtrant l'eau de mer avec leur gueule grande ouverte et leurs nageoires céphaliques déployées, qui forment ainsi une sorte de grosse cuillère exhibant trois cents dents inutiles.

Les raies mantas doivent toujours être en mouvement afin que de l'eau gorgée d'oxygène passe dans leurs branchies et qu'elles puissent ainsi respirer. En outre, à l'instar des baleines, elles sont réputées pour sauter parfois hors de l'eau et effectuer des sauts périlleux (la raison de ce comportement reste encore un mystère).

Bien que l'apparence physique de ces animaux puisse intimider, nous pouvons voir comme ce géant des mers choisit de se mouvoir dans la vie de manière gracieuse, avec des mouvements fluides, tout en ayant un impact limité sur son environnement. Cette magnifique créature, qui inspire une telle présence au sein des océans, nous enseigne l'importance de ne pas juger selon les apparences. Les émotions dont on a peur, ou que nous avons jugées par le passé comme étant « mauvaises », sont souvent celles dont nous avons réellement besoin de faire l'expérience et que nous devons accueillir avec douceur afin de trouver la grâce et la paix intérieure. On ne devrait pas avoir peur de nos émotions ni les étiqueter comme étant négatives. Certes, elles peuvent nous faire ressentir des choses qui ne sont pas toujours très agréables, mais les raies mantas nous rappellent que rien n'est jamais tout blanc ou tout noir. En fait, on peut trouver le parfait équilibre en évoluant gracieusement quelque part à mi-chemin entre les deux.

La raie manta nous enseigne l'importance d'être toujours en mouvement et de vivre l'instant présent sans jamais s'autoriser à s'arrêter vraiment ni à stagner et d'utiliser notre énergie avec sagesse et de manière régulière. Elles nous rappellent de chercher à trouver un certain équilibre et une certaine harmonie intérieure, et de vraiment le ressentir profondément en soi plutôt que vivre quelque chose tout en voulant exactement son contraire.

22.
LE POISSON-PERROQUET
AUTHENTICITÉ

L'EAU

Message des poissons-perroquets : Revêtez vos vraies couleurs et vos propres capacités uniques.

Le poisson-perroquet aux couleurs si vives nous rappelle d'honorer tout ce que nous sommes et de ne pas avoir peur de montrer notre être véritable à la face du monde et, ce, avec courage et en ayant confiance en soi. Presque tous les poissons-perroquets commencent leur vie en tant que femelles avant de devenir mâles à la fin de leur existence, nous montrant ainsi l'importance de parvenir à un certain équilibre et nous invitant à honorer la dualité de notre nature.

Le poisson-perroquet a une manière bien à lui de se cacher de ses prédateurs. En effet, la nuit, lorsqu'il est le plus vulnérable, il fabrique un cocon de mucus pour se protéger. Ce cocon cache son odeur aux prédateurs qui chassent la nuit.

Le poisson-perroquet témoigne de la puissance du courage et de la protection énergétique en nous montrant que nous pouvons toujours être présents tout en nous trouvant dans des situations qui nous font peur ou qui semblent risquées, pourvu que nous soyons préparés, honnêtes envers nous-mêmes et capables de protéger notre propre énergie. Quand nous naviguons sur les chemins énergétiques de la vie, nous pouvons constater que, pour mener une vie tout en couleur, nous devons souvent les cacher aux yeux des personnes qui souhaitent nous blesser ou voler notre lumière.

23.
L'HIPPOCAMPE - AMOUR

L'EAU

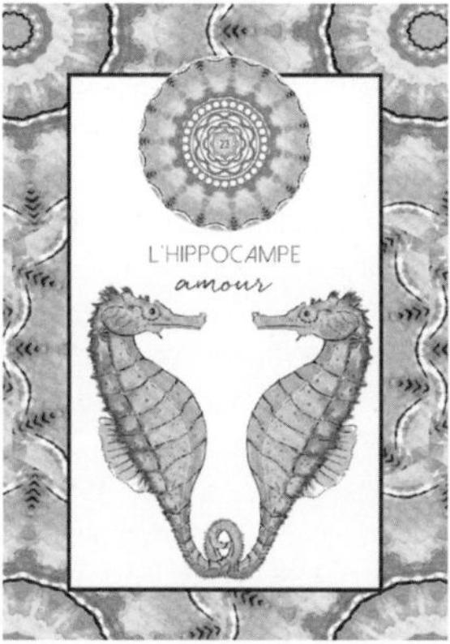

Message des hippocampes : L'amour est la réponse, la conséquence et le symbole de tout ce que nous expérimentons dans la vie.

L'hippocampe est lent, vulnérable et opportuniste, un peu à l'image de ce que nous devons être lorsqu'il est question d'amour romantique.

Bien qu'ils ne restent généralement pas avec le même partenaire tout au long de leur vie, les hippocampes mâles et femelles passent beaucoup de temps à apprendre à connaître le rythme de chacun avant de s'accoupler. En effet, en général ils nagent côte à côte, se tiennent par la queue et dansent ensemble l'un autour de l'autre dans une sorte d'osmose. Cette parade amoureuse peut durer plusieurs heures avant qu'ils ne s'accouplent. C'est au mâle qu'il revient de féconder et de protéger les œufs dans sa poche ventrale avant de relâcher ses petits, qui doivent alors se débrouiller seuls dans le vaste océan.

Comme ils n'ont que de fines nageoires pour se propulser, les hippocampes doivent rester dans des zones où l'eau est calme ou à faible courant, sinon ils s'épuisent s'ils sont ballottés par des courants forts ou rapides. Ainsi, lorsqu'ils sont bien à l'aise dans leur environnement, ils attendent patiemment que leurs proies arrivent à leur portée.

Trouver l'amour véritable est un jeu de patience qui demande d'avoir confiance et d'oser être vulnérable. Ces beaux petits chevaux aquatiques sont les poissons les plus lents au monde, ainsi ils nous apprennent que l'amour peut venir à nous de diverses manières et que, lorsque nous adoptons la bonne attitude et la bonne énergie, nous attirons ce que nous souhaitons. L'amour ne consiste pas toujours à avoir la tête qui tourne, il est plutôt question de patience, de compréhension et de compromis.

24.
L'ÉTOILE DE MER - SENSIBILITÉ

L'EAU

Message des étoiles de mer : Un niveau de conscience élevé permet d'avoir une meilleure perspective.

Les étoiles de mer aux couleurs vives ont de tout temps été réputées pour susciter l'émerveillement et la joie aussi bien chez les adultes que chez les enfants. Bien que tous les êtres vivants soient des miracles de la nature, les étoiles de mer possèdent une aura magique qui nous relie à notre créativité et à notre côté spirituel.

Bien que les étoiles de mer se déplacent lentement et avec grâce, elles sont extrêmement fortes. En effet, elles ont la capacité de plaquer au sol leur proie avec un seul bras et également de supporter leur propre poids grâce à leurs centaines de pieds ambulacraires qui leur permettent de se déplacer dans toutes les directions. Elles sont sensibles à la lumière, à la température et au toucher, et leur système nerveux complexe leur permet d'être extrêmement intuitives vis-à-vis de leur milieu et de leur environnement. Grâce à cette sensibilité, elles nous montrent que nos dons les plus précieux résident dans notre capacité à vraiment ressentir ce qui se passe autour de nous, à savoir quand nous devons battre en retraite ou au contraire réagir en suivant ce vers quoi nous nous sentons intuitivement appelés par notre corps.

Des fossiles d'étoiles de mer nous prouvent qu'elles existent et survivent depuis des millions d'années alors que d'autres espèces se sont éteintes. La plupart des espèces de ces drôles d'étoiles de mer sont capables de régénérer elles-mêmes des parties de leur corps endommagées, ce qui peut néanmoins leur prendre des mois ou des années. Cela nous apprend que peu importe ce que l'on croit avoir perdu pour toujours, il est souvent possible de le recréer ou de le retrouver avec le temps, car rien n'est définitif.

L'étoile de mer nous rappelle que nous ne sommes pas obligés de tout porter tout seuls. En effet, nous sommes invités à répartir la charge, à demander de l'aide et à laisser tomber les choses (et les croyances) qui ne nous servent plus.

25.
LA TORTUE - LONGÉVITÉ

L'EAU

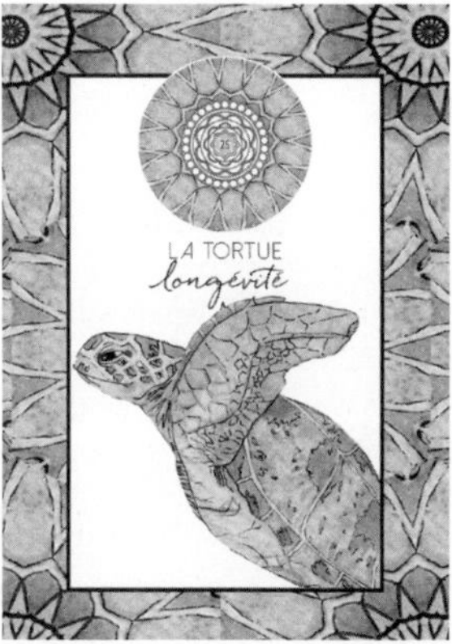

Message des tortues : Accomplissez de grandes choses en faisant un petit pas l'un après l'autre.

La tortue est un reptile aquatique très beau et très majestueux : c'est un maître en matière de protection, de longévité et de prise de conscience. Les tortues sont réputées pouvoir vivre plus de cent ans et, comme tous les autres reptiles, elles perdent leurs écailles au fur et à mesure de la croissance de leur carapace extérieure. Néanmoins, dans leur cas, il s'agit d'un processus continu qui ne se produit donc pas en une seule fois.

Les tortues nous rappellent qu'en progressant constamment et en enlevant nos vieilles peaux nous pouvons devenir plus forts et plus efficaces, de sorte que nous n'avons pas besoin de nous épuiser jusqu'au burn-out ni de nous retirer du monde trop longtemps. L'épaisse carapace des tortues leur permet de vivre librement, sans peur, sans souci ni croyance limitante.

Leur bouche en forme de bec leur permet de couper leurs proies en morceaux. Elles possèdent également une drôle de vision nocturne et leurs yeux regardent souvent vers les grandes profondeurs - un symbole de perspective élevée et d'une connaissance accrue du monde qui les entoure. En outre, le fait d'avoir peu de prédateurs naturels et la capacité à s'adapter facilement à leur environnement pourrait expliquer pourquoi elles semblent survivre longtemps à l'état sauvage.

Les tortues nous rappellent de rester concentrés et déterminés si nous voulons atteindre nos objectifs avec sérénité et grâce. Les tortues sont de vieilles âmes par excellence qui portent en elles l'expérience qu'elles ont accumulée au cours de leurs nombreuses vies et de vieilles histoires provenant du fin fond des mers. Leur sagesse ancienne et leur grâce irréprochable touchent notre âme et soulignent l'importance de profiter de chaque précieux instant.

26.
LA BALEINE - COMMUNICATION

L'EAU

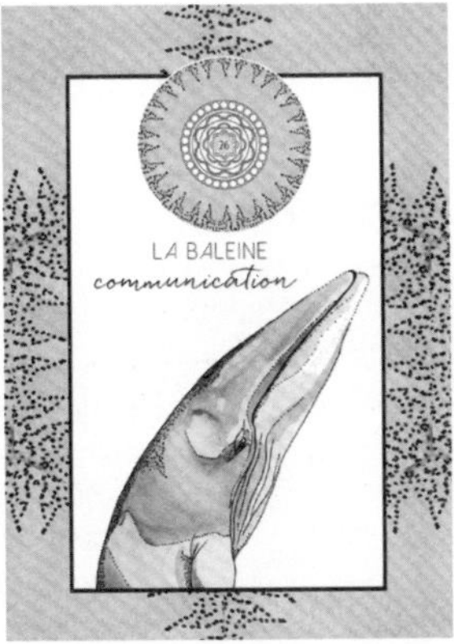

Message des baleines : Exprimez-vous avec créativité pour être réellement entendu.

Les baleines, qui nous fascinent autant par leur majesté que par leur grandeur, nous rappellent que nos océans sacrés sont riches, vivants, et ont grand besoin d'être protégés. Leur corps aérodynamique leur permet de plonger dans les grandes profondeurs des eaux et de nager très vite, et leur nageoire caudale leur permet de se propulser et de naviguer.

Certaines espèces de baleines peuvent vivre au-delà de cinquante ans et ont été, de tout temps, considérées comme les gardiennes des océans. Les baleines font partie des créatures les plus intelligentes et les plus sensibles de la planète. En effet, on sait qu'elles apprennent les unes des autres, coopèrent, planifient des choses, ressentent de la peine et sont empathiques.

Bien que les baleines aient certains sens peu développés, comme la vue et le goût, elles ont de très grandes capacités auditives, ce qui leur permet de calmer leur esprit et d'appréhender tout ce qui se passe autour d'elles. Elles communiquent grâce à un langage mystique qui leur est propre et qui se compose de cliquetis, de sifflements et de chants mélodieux, et elles ont également recours à des sons comme sonars. Les sons qu'elles perçoivent passent directement de leur gorge à leurs canaux auditifs, ce qui peut symboliser pour vous le fait de pouvoir communiquer parfaitement vos besoins et vos désirs et de vous exprimer réellement dans vos projets créatifs.

CARTES LIÉES À L'ÉLÉMENT FEU

27.
L'ALPAGA - CURIOSITÉ

LE FEU

Message des alpagas : Le sentiment de satisfaction donne envie d'apprendre et d'explorer des choses nouvelles.

Les alpagas utilisent leur long cou pour observer le monde avec curiosité et prudence. Sans cette prise de hauteur qui leur est si personnelle, ils seraient des proies faciles pour des prédateurs comme les pumas ou les ours. Ayant été élevés en captivité, principalement pour leur laine, les alpagas sont un peu différents des lamas dans le sens où ils sont un peu plus capricieux et où il est plus difficile de les apprivoiser ou de les transformer en animaux de compagnie, bien qu'ils aient, somme toute, quelques similitudes.

Ces herbivores sont des animaux sociaux qui vivent en famille. Leur épais manteau de laine leur permet d'avoir chaud même lorsque les températures sont glaciales et de pouvoir s'épanouir dans des régions de haute altitude. Leurs seules lignes principales de défense consistent à cracher et à donner des coups de pattes. Pour cela, ils font remonter des sucs gastriques qu'ils projettent sur leurs adversaires comme moyen de défense ou pour communiquer leur contrariété. Un des seuls animaux sur terre à créer sur son territoire un espace bien défini pour les « toilettes », l'alpaga nous rappelle que nous devons respecter notre espace, honorer ce qui nous nourrit et maintenir certaines distances afin d'avoir une approche plus libre et spontanée vis-à-vis de nos projets personnels.

Les alpagas possèdent une large palette de sons allant d'une série de cris et de gémissements pour alerter les autres d'un danger à des claquements de langue ou des blatèrements, qui peuvent être un signe de satisfaction et de bien-être. Ces animaux nous montrent qu'en étant simplement présents et en paix avec notre entourage, nous nous ouvrons automatiquement à de nouvelles possibilités, aventures et explorations créatives qui nous permettent d'être véritablement disponibles pour la vie et pour ce qu'elle a à nous offrir.

28.
L'ABEILLE - POUVOIR

LE FEU

Message des abeilles : La clé du pouvoir personnel réside dans votre manière de faire les choses.

Les abeilles sont déterminées, concentrées et engagées vis-à-vis de leurs objectifs, elles sont fortes et incarnent la beauté et le sacrifice. Les ouvrières sont dévouées et motivées pour approvisionner la ruche et servir leur reine. Elles travaillent de concert et communiquent en faisant une chorégraphie singulière dans le but de partager des informations concernant la localisation de nourriture.

Les abeilles ont le pouvoir d'attaquer, de blesser et même de tuer un prédateur grâce à leur unique dard, qu'elles utilisent en se sacrifiant, puisqu'elles meurent juste après s'en être servi. La reine est la seule femelle fertile, dont le rôle est de s'accoupler au faux-bourdon (abeille mâle) pour faire croître la population de la ruche. Ces insectes forts, quoique petits par la taille, subissent des métamorphoses tout au long de leur existence et jouent un rôle très important dans la nature.

À l'âge adulte, leurs pattes se dotent de petites brosses de poils qui les aident à nettoyer et à transporter le pollen. Leurs ailes étant proportionnellement très petites par rapport à leur corps, on se demande souvent par quel miracle les abeilles réussissent à voler si efficacement. Néanmoins, grâce à la manière dont elles choisissent de voler, c'est-à-dire en battant très fort et rapidement des ailes, les abeilles peuvent supporter quotidiennement des charges de travail importantes et difficiles.

Nous pouvons faire un parallèle avec cette leçon que nous enseigne l'abeille, à savoir que peu importe votre apparence physique, vous êtes beaucoup plus fort que vous ne le pensez, et en adoptant une approche qui vous est propre pour réaliser des choses (au lieu de vous sentir inférieur ou de tout laisser tomber), vous pouvez puiser dans votre énergie personnelle.

29.
LE CHAMEAU - FÊTE

LE FEU

Message des chameaux : Honorez vos dons uniques et réjouissez-vous de ce qu'ils vous apportent en permanence.

Les chameaux, habitant dans le désert, sont des animaux robustes et résistants qui réussissent à survivre dans des conditions parmi les plus difficiles de la planète. Ils ont développé de nombreuses qualités, qui leur sont propres, pour pouvoir vivre dans les zones chaudes, arides et poussiéreuses de la terre, comme avoir un épais pelage qui les protège de la chaleur, un système digestif évolué qui permet une rétention maximale de l'eau, trois paupières, de longs cils et des poils dans les oreilles pour empêcher le sable d'y rentrer, ainsi que leur bosse emblématique pour conserver de la graisse, ce qui permet à leur corps de conserver de l'eau et de maintenir plus facilement une température corporelle fraîche, sans oublier de grosses lèvres afin de pouvoir se nourrir de plantes épineuses et coupantes, contrairement à d'autres animaux.

En Mongolie, un festival est organisé tous les ans en l'honneur des chameaux, ce qui nous montre à quel point il est important d'honorer qui nous sommes et ce que nous sommes capables de supporter et de réussir, et également d'avoir confiance dans le fait que les autres nous reconnaîtront et nous honoreront pour ce que nous sommes à partir du moment où nous aurons décidé d'agir ainsi envers nous-mêmes.

Les chameaux se fondent très bien dans les couleurs du désert et peuvent survivre jusqu'à six mois sans boire ni manger. Lorsqu'ils ont de l'eau à disposition, les chameaux peuvent boire et se réhydrater plus vite que n'importe quel autre mammifère au monde. Ils incarnent véritablement ce qu'est le style de vie nomade en étant capables d'endurer des conditions de vie extrêmes et de parcourir de très longues distances dans le désert afin de faire l'expérience du monde d'une manière qui serait impossible à supporter par d'autres. Symbole d'endurance, le chameau nous apprend à célébrer nos situations personnelles et à avoir confiance dans le fait que nous sommes capables de continuer à nous épanouir malgré des conditions de vie extrêmes.

Les chameaux sont des animaux sociaux qui vivent en troupeau avec les membres de leur famille. Pour se saluer, ils se soufflent dans le visage l'un de l'autre, comme nous embrassons affectueusement nos proches. Nous pouvons constater que célébrer les petites choses, comme l'eau et la liberté, peut nous permettre d'être reconnaissants pour les choses que nous possédons, au lieu de nous inquiéter pour les choses que nous n'avons pas.

30.
LE CARDINAL ROUGE - PASSION

LE FEU

Message des cardinaux rouges : Soyez fier de raconter votre histoire afin d'attirer votre clan.

Les cardinaux rouges sont réputés pour être très attachés à leur territoire et pour leur construction de nids élaborés, que les femelles et les mâles construisent ensemble pour offrir un nid confortable et sécurisé à leurs poussins. Leurs cris et leurs chants passionnés et mélodieux nous connectent à une sensation de paix et de joie. Pendant la parade nuptiale, les mâles ramassent souvent des graines qu'ils offrent en cadeau et de bec à bec aux femelles.

Le cardinal mâle arbore un plumage coloré d'un rouge vif, tandis que les femelles sont souvent de couleur fauve ou grise. Leur crête et leur masque noir sur la tête ajoutent à leur beauté et leur confèrent presque un air majestueux. Les cardinaux sont des oiseaux monogames qui se déclament mutuellement leur amour en chantant, et ils forment parfois même un duo afin de manifester vocalement leur amour et leur passion. Les mâles délimitent également leur territoire en chantant, ce qui est un excellent exemple nous montrant comment un don apparemment innocent (et beau) peut avoir un immense impact et nous permettre de nous démarquer tout en gardant une place aux autres.

Le rouge pourpre est la couleur de la passion, de l'énergie, de la confiance et de la force. Par conséquent, nous pouvons puiser dans cette remarquable particularité et apprendre que, pour mener une vie passionnante, nous devons puiser dans nos propres forces, notre propre confiance en nous et notre énergie sexuelle pour nous stimuler et nous donner de l'énergie afin d'avancer en faisant des choses qui nous font vraiment nous sentir vivants. Le cardinal rouge nous apprend à examiner ce que nous aimons vraiment dans notre vie et ensuite à nourrir et défendre ce qui nous tient le plus à cœur. C'est ainsi que nous pourrons voir ce qui nous motive et ce qui est réellement important pour nous, et avoir une idée du travail pour lequel nous nous sentons appelés dans cette vie-ci.

31.
LE CAMÉLÉON - ÉNERGIE

LE FEU

Message des caméléons : Puisez en vous pour optimiser votre influence extérieure et votre changement de perception.

Les caméléons sont des animaux étranges et uniques dans leur genre. Avec leurs yeux qui sont capables de se mouvoir indépendamment l'un de l'autre, ils peuvent voir à 360 degrés, ce qui leur permet de suivre tout ce qui se passe autour d'eux sans bouger ni dépenser trop d'énergie. Leurs pieds ont une forme spéciale, ce qui leur assure une prise ferme sur les branches sur lesquelles ils se nourrissent et vivent. Les caméléons ont également une langue très développée qu'ils peuvent projeter très loin afin de capturer facilement des insectes tout en préservant leur énergie.

Le caméléon nous guide pour que nous utilisions notre énergie et nos ressources internes de manière avisée afin d'éviter le gaspillage, l'épuisement, et pour diminuer notre ouverture face aux menaces. Il nous montre l'importance d'avoir un certain équilibre et une protection énergétique et de savoir discerner s'il faut battre en retraite ou s'élancer au grand jour.

Les caméléons sont surtout réputés pour leurs couleurs corporelles emblématiques et leur capacité à changer de couleur pour s'adapter à leurs besoins. En effet, le caméléon changera de couleur pour communiquer et envoyer des signaux aux autres caméléons, ainsi que pour se fondre dans son environnement afin d'éviter d'être repéré par des prédateurs. Nous pouvons voir à quel point ce don est extraordinairement puissant dans le sens où le caméléon puise dans ses propres ressources énergétiques pour avoir un effet non seulement sur son apparence physique, mais également sur la réaction des autres. Les caméléons nous apprennent que, nous aussi, nous avons de grandes ressources énergétiques intérieures dans lesquelles nous pouvons puiser pour obtenir ce que nous souhaitons de notre environnement et des personnes que nous rencontrons.

32.
LE RENARD - SOLITUDE

LE FEU

Message des renards : Passer du temps seul favorise l'épanouissement personnel et la paix intérieure.

Traditionnellement reconnu comme étant le scélérat rusé du règne animal, le renard fera tout ce qui est nécessaire pour que ses besoins soient assouvis. Vivant et chassant la plupart du temps en solitaires, les renards deviennent astucieux lorsqu'il s'agit de trouver de la nourriture et de passer inaperçus.

Les renards, qui possèdent une ouïe extraordinairement fine, nous incitent à nous ouvrir et à écouter vraiment ce qui se passe autour de nous. Nous sommes invités à écouter notre propre sagesse intérieure, à nous mettre à l'écoute de notre intuition, qui peut nous donner de savants conseils, et à être attentifs à la véritable nature de ce qui nous arrive dans la vie afin de mettre au jour la nécessité de nous débarrasser des histoires, des ressentiments et des croyances inutiles.

Les renards nous rappellent notre besoin de solitude, de retraite, ainsi que la nécessité de nous cacher et de souvent nous concentrer exclusivement sur nous afin de nous régénérer, de retrouver de l'énergie et de récupérer notre propre pouvoir. La croyance populaire considère le renard comme un être intelligent possédant des pouvoirs magiques qui décuplent avec l'âge. Vous pouvez remarquer que souvent les personnes les plus asociales et singulières sont, en réalité, les plus fortes.

Aussi effronté que puisse être un renard, il est également intéressant d'observer tout ce qu'il peut obtenir par lui-même, alors que de nombreuses autres espèces comme les chiens et les chats sauvages dépendent énormément de leur meute ou de leur horde en ce qui concerne leur survie. Le renard nous montre à quel point nous pouvons faire les choses par nous-mêmes et que nous n'avons pas besoin de faire appel aux autres pour nous aider à vivre une vie épanouissante.

33.
LE GECKO - SENSUALITÉ

LE FEU

Message des geckos : Les sacrifices de l'ego nous ramènent à notre état le plus pur.

Les geckos sont parmi les lézards les plus colorés de la planète et possèdent une perception des couleurs 350 fois plus importante que celle des humains. Ils vivent dans des pays chauds, car ce sont des animaux nocturnes qui dépendent de la température extérieure pour conserver leur propre chaleur interne.

Les geckos possèdent cette capacité de pouvoir sacrifier leur propre queue pour faire diversion face à un prédateur qui les poursuit, ce qui leur donne la possibilité de lui échapper et donc de survivre.

Ils sont par la suite capables de régénérer leur queue et d'avoir de nouveau un corps complet.

Les geckos sont le symbole de l'intrépidité, de la passion audacieuse et de la sensualité, ce qui nous aide à raviver notre feu intérieur et à privilégier le plaisir, le lien aux autres et le fait de prendre soin de soi. En Australie, on entend souvent les cris et les sons si particuliers des geckos lorsqu'ils communiquent entre eux. Nous pouvons apprendre du gecko que, pour attirer la bonne personne ou suivre le bon chemin afin de combler nos désirs, nous devons décider de montrer toute notre palette de couleurs et signer nos propres chansons d'amour.

Bien que les geckos aient beaucoup de prédateurs naturels, ils ont développé de nombreuses qualités afin d'éviter d'être repérés et de pouvoir échapper aux menaces. En effet, ils se servent de leurs pattes, qui peuvent adhérer à presque tous les types de surfaces, pour grimper verticalement, et ils utilisent leurs capacités auditives et visuelles très développées pour détecter la présence de prédateurs et leur échapper rapidement, même en l'absence d'éclairage. Les geckos sont les messagers par excellence qui nous apprennent à être épanouis et à rester positifs dans l'adversité.

Lorsque l'on observe des geckos, on les entend ou on les voit souvent tomber de leur perchoir tout en haut d'une fenêtre ou d'un mur, souvent à cause de leur passion fougueuse envers un amoureux ou une amoureuse ! Ils nous apprennent à faire abstraction de la réalité et du sens du danger pour nous appuyer sur notre côté sensuel, là où il nous est souvent demandé d'abandonner notre mental et de suivre notre cœur afin d'exprimer nos désirs. Avoir confiance en notre capacité innée à survivre, même lorsque les choses semblent, d'un point de vue concret, faire obstacle, est la clé pour pouvoir faire l'expérience de la liberté et de notre propre nature sensuelle.

34.
LE CHEVAL - MOTIVATION

LE FEU

Message des chevaux : Passer à l'action est souvent le seul moyen de réellement se motiver et de motiver les autres.

Les êtres humains ont une relation avec les chevaux qui fait surgir des sentiments de liberté, de dévouement et de passion. Bien que ce soient des animaux forts et puissants, les chevaux sont végétariens et se nourrissent uniquement d'herbe, de céréales et de graines, nous prouvant ainsi que nous pouvons acquérir de la force et de la vitalité physiques en mangeant de la nourriture végétarienne et naturelle.

Bien que les chevaux soient capables de prouesses physiques incroyables, il est rarement nécessaire qu'ils aient besoin d'en accomplir, ce qui signifie qu'ils choisissent le moment où ils utilisent leur énergie avec une intention spécifique et dans un but précis.

La seule défense naturelle que possèdent les chevaux face à des prédateurs, c'est la course, c'est-à-dire bouger. Ils nous apprennent à diriger notre propre course et à canaliser notre passion et notre motivation afin de nous mener vers nos objectifs. La confiance des chevaux s'accroît naturellement au fur à et à mesure qu'ils apprennent et grandissent, par le biais d'expériences positives. Le cheval peut nous apprendre que, dans les périodes d'incertitude, nous devons repenser aux expériences négatives que nous avons vécues afin de nous donner le petit coup de pouce nécessaire pour nous encourager à avancer dans la bonne direction, et que, lorsque l'on ne se sent plus épanoui dans sa vie, c'est le signe que l'on est resté trop longtemps sur place et qu'il est temps de bouger.

Dans la vie, on s'aperçoit que parfois nous devons décider si nous voulons plutôt être un cheval de trait ou un poney de parade, et être sereins face à l'éventualité que l'on puisse être les deux à la fois ! Nous sommes invités non seulement à prendre conscience que faire un travail sur le terrain et des démarches va nous donner l'occasion d'aspirer, au final, à de plus verts pâturages, mais également à prendre le temps de nous arrêter quelques instants pour montrer au monde entier ce que nous avons appris au cours de notre voyage.

35.
LA COCCINELLE - CHANCE

LE FEU

Message des coccinelles : Ne perdez jamais la capacité d'émerveillement que vous aviez enfant, car elle cultive votre prédisposition naturelle à la chance.

Les coccinelles (également appelées bêtes à bon Dieu) ont longtemps été associées à l'innocence, à la chance et à l'émerveillement de l'enfant.

Cette petite bête adorable et fascinante, qui fait partie du monde des insectes, apparaît sous différentes couleurs, bien que la plus connue soit un rouge/orange vif tacheté de points noirs. Cette couleur est en fait un avertissement lancé aux prédateurs (tels que les reptiles et les oiseaux) afin qu'ils se méfient, car les coccinelles sont protégées par des liquides nocifs à base de cyanure présents dans leur corps, ce qui signifie qu'elles sont très toxiques pour les autres animaux !

Lorsqu'elle a peur, la coccinelle libère par son exosquelette une toxine au goût âcre qui agit comme un moyen de dissuasion envers les animaux les mieux renseignés. Les coccinelles ont de tout temps été largement associées à la chance ou considérées comme des porte-bonheur. Peut-être est-ce dû au fait qu'elles ont une préférence alimentaire toute particulière pour les insectes nuisibles aux cultures comme les pucerons. En effet, les agriculteurs traitent les coccinelles avec le plus grand respect car elles les aident à maintenir ces insectes à distance, ce qui permet aux plantes de croître et aux humains de faire des récoltes.

Les coccinelles ont toujours été un des premiers insectes que les enfants apprennent à aimer dès leur plus jeune âge. Elles sont très petites, mignonnes, et tellement belles et attirantes qu'elles sont de parfaites compagnes de jeux pour les enfants, auxquels elles peuvent apprendre beaucoup de choses sur la nature en général et leur espèce en particulier.

On peut voir qu'elles nous offrent la possibilité de nous rappeler que nous pouvons tous créer notre propre chance en faisant tout simplement les choses pour lesquelles nous sommes nés. Notre état d'être originel – à savoir l'amour – est la seule chose dont nous ayons besoin pour créer et obtenir ce que nous voulons dans la vie si nous nous souvenons simplement que c'est l'état d'être dans lequel nous sommes nés. La coccinelle nous rappelle de tout aborder avec une certaine dose d'innocence, d'émerveillement et de fascination, sans nous focaliser sur une menace sous-jacente ni chercher à en avoir une connaissance consciente.

36.
LE LION - ASSURANCE

LE FEU

Message des lions : La fierté et l'acceptation de votre être tout entier font ressortir le chef-né qui est en vous.

Les lions vivent au sein de clans familiaux (appelés « troupes »). Ce sont les femelles qui mènent en grande partie la chasse, qu'elles effectuent en groupe, de manière bien coordonnée et bien orchestrée, tandis que les mâles protègent et défendent le territoire des autres lions ou des autres grands fauves.

Le célèbre rugissement du lion est associé au sentiment de joie et de puissance que l'on ressent lorsque l'on exprime son être véritable avec authenticité et confiance. Les lions mâles adultes sont les seuls parmi tous les félins à avoir une crinière autour de la tête. La crinière est là uniquement pour la frime, car elle n'a aucune utilité réelle si ce n'est d'attirer une partenaire et d'impressionner ses rivaux.

Ayant très peu de prédateurs, les lions ont toutes les raisons du monde d'avoir confiance en eux et d'être audacieux et courageux. Réputé comme étant le « roi de la jungle » ou le « roi des animaux », le lion nous enseigne que les chefs-nés sont dotés à la fois de force, d'un certain sens du spectacle ou du paraître, de fierté et de confiance, ce qui les aide à aller plus loin dans la vie et à être tout en haut de l'échelle sociale.

37.
LE SERPENT - TRANSFORMATION

LE FEU

Message des serpents : Débarrassez-vous de ce qui est ancien et suivez la lumière pour que la transformation ait lieu.

Les serpents ont des couleurs et des tailles différentes qui leur permettent généralement de se fondre dans leur environnement naturel. Ils perdent leur peau de manière saisonnière pour tout recommencer à zéro. La mue remplit plusieurs fonctions : elle leur permet de se débarrasser des parasites qui ont pu rester attachés à la vieille peau et de pouvoir grandir.

La mue est nécessaire à leur croissance étant donné que leur peau ne s'étire pas et ne s'agrandit pas non plus. C'est pourquoi, le serpent va se créer une toute nouvelle peau, beaucoup plus grande, sous la vieille couche de peau dont il se dépouille en grandissant.

Sans les serpents, notre écosystème souffrirait d'un grave déséquilibre, et les êtres humains devraient faire face à un monde regorgeant de très nombreux rongeurs et nuisibles. Bien que les serpents se nourrissent généralement de petits mammifères et d'insectes, ils sont également connus pour tuer et manger de gros mammifères comme les chevreuils et les moutons.

Bien qu'ils n'aient pas de pattes, les serpents se déplacent facilement et très rapidement. En effet, ce sont d'agiles grimpeurs et (aussi surprenant que cela puisse paraître) de bons nageurs. Les serpents dépendent de leur environnement pour réguler leur température, c'est pourquoi ils changent souvent de position de manière intuitive ou bien ils hibernent pour garder leur température stable. Ils utilisent leur langue pour sentir et ils repèrent leurs proies et d'éventuelles menaces en ressentant les vibrations qui se répandent dans le sol.

Le serpent nous apprend la nécessité de régulièrement nous purifier et nous débarrasser de nos vieilles peaux intérieures, qui peuvent être des habitudes ou des schémas de pensée inutiles, voire d'anciennes croyances. En tant que reptiles à sang froid, les serpents dépendent beaucoup de la température du soleil, qui leur procure de l'énergie et de la chaleur interne, ce qui nous montre que, pour continuer de grandir, nous devons constamment chercher la lumière pour nous recharger et maintenir notre niveau d'énergie.

38.
LE DRAGON D'EAU - ÉQUILIBRE

LE FEU

Message des dragons d'eau : Pour une croissance et une évolution optimales, il faut maintenir un certain équilibre entre les extrêmes.

Comme le suggère son nom, le dragon d'eau a besoin d'eau pour survivre. La raison essentielle à cela réside dans le fait que l'eau est son principal moyen d'échapper à l'attaque de prédateurs terrestres. En effet, les dragons d'eau peuvent nager et se promener au fond des petits cours d'eau ou des étangs en restant sous l'eau pendant plus d'une heure afin d'éviter d'être repérés. Leur longue queue leur permet de nager en surface et, comme ce sont des animaux semi-aquatiques, ils semblent bien avoir un avantage supplémentaire par rapport aux autres lézards sauvages.

Les dragons d'eau passent leur journée à se prélasser sur des pierres, à se réchauffer au soleil et à chasser oisivement des insectes et des petits rongeurs. Si cela s'avère nécessaire, ils peuvent courir et grimper très rapidement pour poursuivre une proie et également pour éviter des dangers potentiels. Leurs longs membres et leurs griffes leur permettent de grimper aux arbres et sur des rochers ainsi que de creuser des terriers pour pondre. Le dragon d'eau vous exhorte à vous libérer de ce qui ne vous sert plus et à trouver à présent un certain équilibre dans votre vie, plutôt que de fouiller dans le passé.

En astrologie chinoise, le dragon d'eau est considéré comme étant capable de s'élancer vers les cimes les plus hautes et également de plonger dans les profondeurs de l'océan, ce qui lui permet de faire pleinement l'expérience de tout ce que le monde a à offrir. On peut constater qu'il nous apprend que ce n'est pas grave d'aller dans les extrêmes ; néanmoins, pour maintenir un certain équilibre, nous devons compenser avec l'élément opposé afin de bien incarner les énergies yin et yang.

39.
LE PIC - OCCASION

LE FEU

Message des pics : Plus vous êtes dans l'ouverture, plus vous avez de chances de réussir.

Le pic, qu'il s'agisse du pic épeiche, du pivert ou de tout autre pic, est le seul oiseau qui fait son nid dans les cavités des arbres et qui, grâce à son bec reconnaissable, soulève les écorces et déniche des insectes fouisseurs. Une caractéristique des pics beaucoup moins connue est leur très longue langue collante et agile, qui leur permet d'atteindre des endroits un peu délicats et d'attraper des proies éloignées.

Leur alimentation peut également se composer de nombreuses autres sortes d'insectes, ainsi que d'œufs d'autres oiseaux et de lézards, ce qui leur permet d'augmenter leurs chances de survie et de reproduction.

Les pics « tambourinent » rapidement avec leur puissant bec contre les arbres pour informer les autres oiseaux de leur présence ou pour se nourrir. Une fois qu'ils ont trouvé un partenaire, le couple creuse ensemble une cavité dans le tronc d'un arbre pour que la femelle y dépose ses œufs.

Les pics ont un autre comportement curieux qui consiste à choisir sciemment de vivre en groupe avec d'autres espèces d'oiseaux afin de s'assurer une meilleure protection contre les prédateurs. Nous pouvons nous inspirer de ce comportement pour obtenir de meilleurs résultats dans la vie. En effet, nous devons nous mettre en quatre pour aller vers d'autres groupes ou d'autres cercles afin d'accroître nos chances d'être soutenus ou de connaître plus de succès dans la vie.

Le pic vous invite à frapper à la porte de tous les possibles et à voir où cela va vous mener, ainsi qu'à moins vous focaliser sur une possibilité précise. À la place, soyez ouvert aux diverses possibilités offertes par la situation qui vous procure les sensations que vous recherchez. Le pic vous rappelle ne jamais baisser les bras et de toujours rester ouvert et souple face à la vie.

CARTES LIÉES À L'ÉLÉMENT AIR

40.
L'OURS - PROTECTION

L'AIR

Message des ours : Défendez ce que vous aimez et protégez les choses pour lesquelles vous travaillez dur.

Les ours représentent la loyauté, la force et la protection. Bien que les ours aient un tempérament très solitaire, la femelle s'occupe de ses petits, les nourrit et les protège farouchement pendant les trois premières années de leur vie.

Les ours adultes ont très peu de prédateurs grâce aux défenses naturelles que sont leur force brute et leur taille impressionnante, qui mettent en déroute les prédateurs. Les oursons, quant à eux, ont plus de risques d'être la proie de carnivores plus imposants, car ils sont presque sans défense face à des animaux plus gros qu'eux. L'esprit de la maman ourse est fait d'amour, de bienveillance, de maternage, de protection et de jeu, tout en étant toujours vigilante et sur le qui-vive face aux menaces potentielles (un peu comme les mamans humaines !).

Les ours possèdent un odorat très développé, et, malgré leur grande taille et leur allure un peu gauche, ce sont d'excellents coureurs, nageurs et grimpeurs. Grâce à leur force physique, qui leur permet de se tenir debout sur leurs deux pattes arrière (symbole d'autorité et de force intérieure), ils incarnent également le parfait équilibre entre le fait d'être extrêmement serviables envers ceux qu'ils aiment et farouchement protecteurs si cet amour est menacé. Les ours nous rappellent l'importance de défendre ce que l'on aime et de toujours protéger notre valeur intrinsèque, les choses pour lesquelles on travaille dur, ainsi que les choses et les personnes qui nous sont les plus précieuses.

41.
LE MERLE BLEU - PLAISIR

L'AIR

Message des merles bleus : On ressent du plaisir et de la joie lorsque l'on peut exprimer librement ses sentiments et que nos intentions sont clairement communiquées aux autres.

Le merle bleu, qui a de tout temps été le symbole de la joie et de la beauté, est considéré comme le messager des dieux. Ce petit oiseau mangeur d'insectes peut souvent être attaché à son territoire. Il est connu pour sa merveilleuse capacité à chanter des chants très captivants, qui, associés aux battements de ses ailes, lui permettent d'attirer une femelle et d'exprimer ses désirs.

Dans de nombreuses cultures, et même dans des écrits récents, le merle bleu est décrit comme un messager d'espoir et le signe que des êtres chers sont présents à nos côtés. Le merle bleu est même mentionné dans de nombreuses chansons et on peut retrouver sa trace dans des expressions usitées du style « avoir une peur bleue » ou « se mettre dans une colère bleue », ce qui nous donne l'impression que cet oiseau est intrinsèquement lié à notre état de santé émotionnelle.

Le bleu (la couleur du chakra de la gorge) est la caractéristique physique prédominante de cet oiseau. C'est une couleur associée à la communication, aux profondeurs émotionnelles, à la paix, à l'amour, à la vérité et à la gentillesse. On peut faire des parallèles avec cette caractéristique dans le sens où, quand cet oiseau chante pour communiquer ses intentions aux autres, il se peut qu'il nous rappelle que la meilleure façon que l'on ait de gérer, d'explorer et de communiquer nos désirs, émotions et intentions soit de le faire par le biais d'expressions créatives qui nous sont propres, comme l'écriture, la parole ou la musique.

Le merle bleu nous rappelle que nous avons la capacité de nous exprimer librement et de nous guérir nous-mêmes émotionnellement grâce à la communication et à l'expression de soi. Un état émotionnel sain et équilibré correspond à un état où le fait d'être réellement entendus par les personnes que nous aimons et capables de communiquer clairement et ouvertement nos intentions apporte la paix et la sérénité. On ressent un réel plaisir lors de ce genre d'échanges énergétiques émotionnels, plaisir que les autres nous renvoient ensuite en miroir.

42.
LE PAPILLON - CHANGEMENT

L'AIR

Message des papillons : Chaque étape de la vie contribue à façonner la personne que l'on est appelé à devenir.

Réputés pour susciter un sentiment d'émerveillement et d'enchantement, les papillons nous offrent de purs moments de beauté, de tranquillité et de splendeur à chaque fois qu'ils nous font la grâce de leur présence.

Les papillons commencent leur vie sous la forme de larves qui éclosent d'œufs déposés consciencieusement sur les feuilles d'une plante. Ces larves deviennent ensuite des chenilles dont le seul et unique but est de manger et de grandir vite. Puis les chenilles entament leur métamorphose en créant une chrysalide, l'antre sacré de la transformation. Une fois la nymphose terminée, un papillon émerge, doté d'ailes qui l'emportent au loin pour s'accoupler, se reproduire et achever son cycle de vie ultime les ailes grandes ouvertes.

Les papillons se déplacent grâce à un compas solaire spécial. En effet, ils perçoivent la lumière polarisée, ce qui leur permet de voir et de se déplacer librement même lorsqu'il y a des nuages. En outre, leurs antennes leur servent à ressentir la vitesse du vent ainsi qu'à sentir l'odeur des fleurs, des autres papillons et de leur nourriture.

Les papillons, profondément symboliques de l'âme humaine, sont souvent considérés comme les messagers de ceux qui ont fait la traversée vers le monde des esprits. En outre, ils nous enseignent que toutes les expériences que nous faisons dans la vie jouent un rôle crucial dans le modelage de ce que nous sommes réellement destinés à devenir. Les papillons nous rappellent également d'accueillir chaque parcelle de notre vie comme des moments de grand apprentissage et de grande transformation, et d'accepter d'être parfois obligés de marcher avant de pouvoir voler.

43.
L'AIGLE - FORCE

L'AIR

Message des aigles : La véritable force ne réside pas dans l'acte initial, mais consiste à persévérer malgré les échecs.

L'aigle siège en haut de la chaîne alimentaire, c'est le prédateur numéro un des airs. Les aigles, qui sont grands et forts, ont la capacité de porter une proie aussi lourde qu'eux. Leur vue est beaucoup plus développée que celle des êtres humains, ce qui leur donne la faculté de détecter une proie de très loin, même si cette proie est cachée ou qu'elle ne bouge pas.

L'aigle est un animal timide et mystérieux qui aime vivre dans des zones fortement boisées et le plus loin possible des êtres humains. Les aigles construisent leur nid en haut des arbres ou des falaises afin que leurs œufs et leurs poussins soient en sécurité vis-à-vis des prédateurs terrestres.

Malgré leur force, les aigles n'attrapent pas toujours leur proie du premier coup. En effet, ils ont parfois besoin de s'y reprendre à plus de quinze fois avant d'atteindre leur cible. De plus, la chasse étant une activité qui les fatigue vite, ils passent la majeure partie de leur temps à se reposer et à reprendre des forces avant d'essayer de nouveau. Les aigles économisent leur énergie lorsqu'ils volent en utilisant les courants thermiques pour s'élever dans les airs et pour planer, et ainsi éviter de se fatiguer inutilement.

L'aigle nous incite à faire preuve de persévérance face à un échec apparent et nous invite à rester émotionnellement résilients face aux défis et aux épreuves que la vie nous présente. Nous pouvons apprendre que la force ne se mesure pas à l'intensité avec laquelle nous réagissons en premier lieu face à quelque chose, mais bien plus à la manière dont on s'en remet.

44.
L'ÉLÉPHANT - COMPASSION

L'AIR

Message des éléphants : Abordez tout avec amour, empathie et compréhension.

Les éléphants sont les animaux terrestres les plus gros subsistant encore de nos jours sur terre, c'est pourquoi les êtres humains ont une affection toute particulière pour leur apparence majestueuse et leur grâce. Avec une espérance de vie pouvant aller jusqu'à soixante-dix ans, les éléphants ont une enfance et une adolescence très longue puisqu'ils n'atteignent l'âge adulte que vers dix-sept ans. Les éléphanteaux restent auprès de leur mère jusqu'à l'âge adulte et sont très dépendants d'elle les trois premières années de leur vie.

Les éléphants possèdent un don sacré et spécial pour communiquer entre eux. En effet, ils utilisent tous leurs sens pour communiquer et sont très affectueux et empathiques les uns envers les autres. Ils ont une conscience d'eux-mêmes très développée et peuvent coexister en harmonie avec de nombreux autres herbivores. Leurs groupes sociaux se composent de plusieurs groupes familiaux différents qui vivent ensemble sous l'autorité, en général, d'une matriarche. Lorsque les troupeaux se déplacent, on peut observer que les jeunes éléphanteaux tiennent la queue d'un adulte qui se trouve devant eux, ce qui indique, de manière claire, le lien qui les unit les uns aux autres et leur besoin de sécurité.

Les grandes oreilles des éléphants ne leur procurent pas seulement une ouïe extraordinaire, mais elles leur permettent également de réguler leur température corporelle grâce aux nombreux capillaires dont elles sont pourvues. Leur trompe est l'appendice le plus polyvalent au monde, car elle leur permet de boire, de manger, de communiquer, de sentir, de toucher, et elle leur sert même de tuba lorsqu'ils doivent traverser une rivière !

L'éléphant est un symbole remarquable de présence et, physiquement imposant et intimidant, il échappe à la paix et à la compassion que les autres animaux pourraient lui témoigner. Lorsque les éléphants se sentent menacés, ils savent se défendre et peuvent compter sur leur force colossale. Néanmoins, c'est leur lien avec la terre, leur intelligence innée et leur appartenance à des groupes sociaux et familiaux qui font d'eux de grands maîtres en matière de compassion et de respect des autres.

45.
LA GIRAFE - PERCEPTION

L'AIR

Message des girafes : Le point le plus important en matière de compréhension des choses réside dans notre capacité à les appréhender sous différents angles.

Le long cou emblématique des girafes leur offre la meilleure perspective de toutes les créatures terrestres, ce qui nous incite à changer notre point de vue si l'on se sent bloqué.

La girafe s'est adaptée afin de pouvoir survivre plusieurs jours sans eau en hydratant son corps grâce à l'humidité contenue dans les feuilles qu'elle consomme. Par chance, grâce à sa taille, la girafe peut atteindre des feuilles qui sont hors de portée des autres herbivores habitant la savane.

La girafe nous apprend à profiter au maximum de chaque situation qui se présente à nous et à être reconnaissants envers les leçons et les cadeaux que la vie nous offre. Contrairement à une idée répandue, les girafes ont des cordes vocales et communiquent, en fait, en émettant des sons de basse fréquence qui peuvent couvrir de longues distances. Cela nous prouve que les formes de communication les plus douces sont souvent les plus efficaces et les plus percutantes. Leur taille leur permet d'avoir une vue claire du danger et d'être également créatives en ce qui concerne la manière dont elles choisissent de s'exprimer.

La robe tachetée de chaque girafe est unique, à l'instar d'une empreinte digitale. Cela nous rappelle d'honorer nos imperfections et nos qualités personnelles, et de nous souvenir que chacun d'entre nous a une place qui lui est propre dans ce monde, quand bien même on se ressemble de loin.

46.
LE COLIBRI - JOIE

LE FEU

Message des colibris : C'est dans les toutes petites choses de la vie que le plus grand spectre de lumière peut surgir.

Le minuscule, quoique énergique, colibri nous exhorte à trouver la joie à chaque instant et à goûter au doux nectar de la vie avec gratitude. Le colibri possède l'étonnante faculté de battre des ailes plus de cinquante fois par seconde, ce qui crée un magnifique bourdonnement mélodique.

Le plus petit de tous les oiseaux se nourrit du nectar des plantes en fleur et voyage d'une fleur à l'autre à la recherche de celles qui lui offriront, en abondance, le liquide le plus sucré. Le colibri possède un métabolisme incroyablement rapide (pour absorber tout ce sucre !) et peut volontairement décider d'hiberner un tout petit peu pour conserver son énergie si la nourriture se fait rare.

Le colibri nous pousse à arrêter de perdre notre énergie dans des choses, des idées, des tensions ou des croyances qui ne contribuent pas à notre plus grand bien et à plutôt chercher à voir ce que l'on a déjà dans la vie, et à en être reconnaissants. Leur plumage coloré et iridescent nous invite non seulement à voir la beauté et à accueillir toute une gamme possible de satisfactions dans les moindres petites choses, mais également à remarquer que, à chaque fois que nous mettons en lumière les choses que nous aimons, nous avons la chance d'être récompensés par un large éventail de satisfactions sensorielles que ces dernières nous offrent en retour afin de nous remercier de leur avoir prêté la plus grande attention. Nous savons tous que, dans la vie, les plus belles choses sont gratuites ; il s'agit d'une vérité que nous enseigne le colibri, qui ajoute de surcroît que les plus petites choses peuvent souvent nous apporter la plus belle des récompenses.

47.
L'IBIS - ACCEPTATION

L'AIR

Message des ibis : Tout est à sa juste place, et c'est en acceptant les choses telles qu'elles sont que l'on trouve la paix.

Reconnaissables à leurs longues jambes graciles et à leur long cou, les ibis sont des oiseaux gracieux et sociables. Ces oiseaux aiment passer beaucoup de temps à patauger près et dans des cours d'eau pour trouver des poissons et des petits insectes à manger. Les ibis font leur nid en colonies dans des arbres, ce qui leur permet d'être à l'abri des prédateurs terrestres. On peut interpréter le fait que leur tête et leur cou soient chauves comme le signe que la manière la plus courageuse et la plus pertinente de s'accepter soi-même complètement, et d'être accepté par les autres, consiste à oser montrer son être véritable – en se mettant à nu, sans se censurer.

Dans un esprit de paix intérieure, l'ibis nous aide à accepter nos luttes intérieures afin que nous puissions pardonner aux autres (y compris à nous-mêmes), laisser le passé derrière nous et trouver le trésor qui parfume notre vie, quel qu'il soit.

L'ibis sacré a souvent été momifié en tant que symbole du dieu Thot dans les traditions égyptiennes et africaines antiques. Thot, le dieu à tête d'ibis, était considéré comme l'inventeur de l'écriture, des mathématiques et des unités de mesure, tout en étant également connu comme le dieu de la Lune et de la magie. Dans notre société actuelle, l'ibis est devenu un opportuniste cherchant sa nourriture plutôt aux abords des villes et des banlieues, et est particulièrement jugé pour son apparence et son comportement. D'un point de vue historique et selon la tradition populaire, on peut interpréter cela comme une leçon nous permettant de voir à quel point nous nous sommes éloignés de notre être essentiel le plus sacré.

Nous pouvons remarquer ici que l'ibis nous apprend à devenir plus ouvert et tolérant envers les personnes qui ne nous plaisent pas à plusieurs niveaux, et à les voir simplement pour ce qu'elles sont : des personnes qui se montrent à visage découvert et qui se mettent à nu de manière authentique. Lorsque l'on prend conscience que le malheur des uns fait le bonheur des autres, on comprend vite que tout a sa raison d'être et que rien n'est jamais comme il y paraît. L'ibis nous apprend que l'habit ne fait pas le moine.

48.
LE JAGUAR - INTENTION

L'AIR

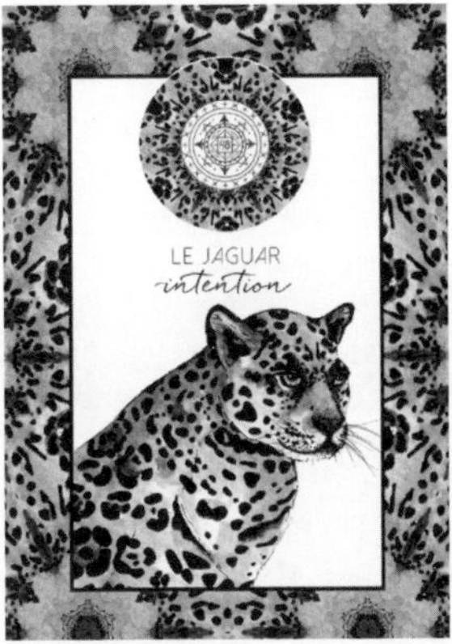

Message des jaguars : Exprimez-vous en vérité, et visualisez les choses en détail tout en passant à l'action.

Le jaguar siège en haut de la chaîne alimentaire puisqu'il n'a quasiment pas de prédateur, étant donné qu'il est le troisième plus gros félin au monde (après le tigre et le lion). Le jaguar, essentiellement solitaire, passe ses journées à parcourir les sous-bois de forêts denses en quête de nourriture, et, lorsqu'il croise une proie, il la traque furtivement en attendant le bon moment pour attaquer.

Ce comportement nous rappelle que nous devons définir des intentions claires et avancer avec assurance, quand bien même notre intention peut ne pas s'être encore manifestée concrètement.

Les jaguars ont des territoires bien délimités et ils respectent généralement les limites territoriales de leurs voisins félins. Ils sont dotés d'une ouïe extraordinaire et ont la capacité de se mouvoir sans bruit à travers la forêt lorsqu'ils traquent une proie. Les jaguars affectionnent tout particulièrement les cours d'eau, ce qui leur permet de trouver facilement des proies dans les clairières jouxtant les ruisseaux, les rivières et les mares, prenant ainsi ces proies au dépourvu. Ces prédateurs, qui chassent à l'affût et tendent des embuscades à leurs proies, ont une mâchoire extrêmement puissante. Ils ont en effet la capacité de mordre directement dans le crâne d'une proie, de lui briser l'épine dorsale ou de l'étouffer, ce qui en fait des maîtres dans l'art d'aller droit au but afin d'éviter la confusion ou d'atténuer la douleur et la souffrance.

Ce gros chat majestueux nous fait comprendre que nous devrions envisager les résultats souhaités, pratiquer l'art de la patience et calculer les risques lorsque nous voulons atteindre notre but. Le jaguar nous rappelle qu'il est important d'écouter les besoins de notre corps pour les assouvir – d'aller de l'avant de toutes nos forces – et d'atteindre notre objectif avec un maximum d'impact et un minimum d'efforts.

49.
LE MARTIN-PÊCHEUR - PAIX

L'AIR

Message des martins-pêcheurs : C'est en abandonnant quelque chose qui nous tient à cœur que l'on acquiert une meilleure compréhension des choses.

Malgré leur nom, de nombreux martins-pêcheurs vivent en réalité loin de l'eau, et, bien qu'ils soient de bons pêcheurs, ils préfèrent se nourrir d'insectes et d'invertébrés même lorsqu'il y a de l'eau et des poissons à profusion.

Les martins-pêcheurs creusent leur terrier dans le sol ou dans les troncs des arbres. Pour courtiser la femelle, le mâle lui offre, entre autres, un poisson qu'elle peut accepter ou refuser. Ce cadeau offert en signe de paix et d'amour nous montre à quel point nous avons besoin de nous abandonner totalement si l'on veut obtenir quelque chose de plus grand.

Le martin-pêcheur a une grosse tête dotée d'un long bec pointu et tranchant ainsi que des pattes et une queue courtes. Ces drôles de caractéristiques physiques peuvent nous permettre de prendre conscience que le mental est l'élément fondamental de notre bien-être. Si l'on ajoute à cela sa vue exceptionnelle, on peut considérer que les atouts de cet oiseau résident dans sa capacité à voir les choses avec beaucoup de recul, ce qui lui permet ainsi d'adapter ses réactions. Le plumage du martin-pêcheur est essentiellement bleu et vert, couleurs qui représentent la confiance, l'honnêteté, la spiritualité, la croissance, le renouveau et le besoin d'une paix stable.

Depuis toujours symbole de paix et de prospérité, le martin-pêcheur nous invite à maîtriser la puissance de notre mental pour déterminer ce qui nous apporte le plus de paix intérieure et à comprendre que cette pratique jouera, à son tour, un rôle crucial dans notre capacité à communiquer et à faire rayonner cela vers l'extérieur, c'est-à-dire dans le monde matériel. Notre force réside dans notre capacité à voir les choses en profondeur et à utiliser notre grande influence ou notre parole au profit de grandes causes.

50.
LE KOOKABURRA - AMUSEMENT

L'AIR

Message des kookaburras : Chercher à voir le côté positif d'une situation difficile apporte l'harmonie et l'équilibre intérieur.

Originaires d'Australie et de Nouvelle-Guinée, les kookaburras nous enchantent avec leur « rire » si reconnaissable qui nous exhorte à arrêter de nous prendre trop au sérieux et à voir le côté positif de la vie. Ils nous encouragent également à utiliser le rire comme moyen de guérison et de libération de nos douleurs et de nos traumatismes.

Les kookaburras se serrent les coudes entre eux. En effet, même lorsque les petits grandissent, ils choisissent de rester auprès de leurs parents pour s'occuper de leurs jeunes frères et sœurs.

Selon une légende aborigène, le chant matinal des kookaburras indiquait au peuple du ciel que c'était le moment d'allumer le grand feu qui illumine et réchauffe la terre chaque jour. On ne peut s'empêcher de ressentir une sorte d'amusement lorsque l'on entend un chœur de kookaburras au lever et au coucher du soleil.

Il est dit que « le rire est le meilleur médicament qui existe », et il est vrai qu'il peut souvent nous arriver de ressentir comme cela sonne juste dans nos vies. Chaque fois que nous rencontrons des difficultés ou que nous faisons face à des situations graves, nous nous sentons intuitivement appelés à chercher à voir le côté plus léger des choses afin de revenir à un certain équilibre intérieur. Le rire peut nous permettre de retrouver une certaine harmonie intérieure et il met l'accent sur le fait de rechercher la joie et la compagnie pour traverser les moments difficiles. Si vous vous sentez particulièrement lourd ou seul, vous pouvez tendre l'oreille pour que le « médicament » naturel – l'humour – du kookaburra vous guide à travers les épreuves.

51.
LA PIEUVRE - INTELLIGENCE

L'AIR

Message des pieuvres : Ce qui compte, ce n'est pas votre intelligence à proprement parler, mais la manière dont vous choisissez de l'utiliser.

La pieuvre est la danseuse mystérieuse et colorée des fonds marins, dont les mouvements, tout en élégance, nous procurent un sentiment de sérénité et de calme. De plus, elle a la capacité de changer de couleur et de forme, de se fondre dans son environnement pour passer inaperçue et d'expulser de l'encre, ce qui lui assure une excellente protection face à ses prédateurs naturels.

Réputées pour leur intelligence, les pieuvres ont développé de très grandes compétences en matière de résolution de problèmes. En effet, elles ont la capacité unique d'utiliser des outils pour atteindre leurs objectifs et peuvent conserver des souvenirs sur le court et le long terme. Elles ont également la chance d'être capables de pouvoir nager (et donc d'échapper à un danger) rapidement.

Ces créatures des profondeurs, pleines de ressources, nous encouragent à penser de manière originale afin de trouver des solutions innovantes à nos problèmes. Leurs huit bras (recouverts de ventouses) leur permettent de s'accrocher à des objets ainsi que de capturer et de dévorer des proies qui sont souvent glissantes. De plus, la pieuvre peut sacrifier ses membres pour survivre. Il s'agit d'une technique de survie dont nous pouvons nous inspirer lorsque l'on se sent menacé ou en danger, en cultivant notre confiance et en nous abandonnant totalement à ce qui doit être, quel que soit le sacrifice que nous ayons à faire, tout en ayant confiance en notre capacité à nous régénérer et à nous épanouir. C'est une réelle preuve d'intelligence que d'interdire aux autres de nous accaparer totalement et de choisir de fuir afin de reprendre du poil de la bête et d'apprendre quelque chose de nouveau sur nous-mêmes.

52.
LE PAON - INSPIRATION

L'AIR

Message des paons : Être fier de ses réussites crée un changement qui inspire.

Le paon, qui est l'un des oiseaux parmi les plus beaux et les plus vénérés du règne animal, représente la beauté, la passion, l'inspiration, la fierté et l'intuition. Il a une apparence physique et des comportements des plus extravagants. La parade nuptiale du paon implique de déployer ses plumes et de les faire vibrer tout en effectuant une danse hypnotique pour la femelle.

Il nous apprend qu'il est normal d'exhiber nos exploits de temps en temps, de mettre en avant nos compétences, nos talents et les nombreuses caractéristiques dont nous sommes fiers, mais nous devons également savoir reconnaître lorsque c'est le bon moment de le faire. Tout comme il le ferait pour attirer une partenaire du sexe opposé ou pour se protéger, le paon nous apprend à ne jamais avoir peur de montrer les meilleurs aspects de nous-mêmes, ceux qui sont les plus hauts en couleur, ceux dont nous sommes fiers et qui nous inspirent face à des personnes que l'on a envie de séduire. Lorsque l'on se sent menacé ou critiqué, le paon nous invite à protéger ce pour quoi nous avons travaillé dur et à être fiers de ce que nous sommes et de ce que l'on défend.

Le message clé ici se résume à trouver un certain équilibre et à savoir reconnaître lorsque c'est le moment de passer d'une énergie à une autre, et, ce, de manière fluide et avec grâce. À travers des symboles, le paon nous enseigne qu'il faut revivre plusieurs fois les mêmes étapes pour s'éveiller complètement à notre nature spirituelle la plus élevée grâce à notre pratique spirituelle assidue, nos rituels quotidiens et des changements de style de vie.

Les paons sont les véritables gardiens de notre amour-propre. En effet, ils nous aident à montrer nos véritables couleurs et à voir la beauté tout autour de nous, ce qui nous permet non seulement d'agir comme des guides pouvant inspirer les personnes qui sont attirées par notre plumage unique, mais également d'attirer les dons du ciel. Après avoir acquis la sagesse que nous recherchions, nous sommes amenés à la partager – en étant fiers de notre histoire, de notre cheminement et de nos exploits – et à ne jamais nous excuser d'être la personne belle, sage, forte et talentueuse que nous sommes.

CARTES LIÉES À L'ÉLÉMENT ESPRIT

53.
LE SCARABÉE - PURETÉ

L'ESPRIT

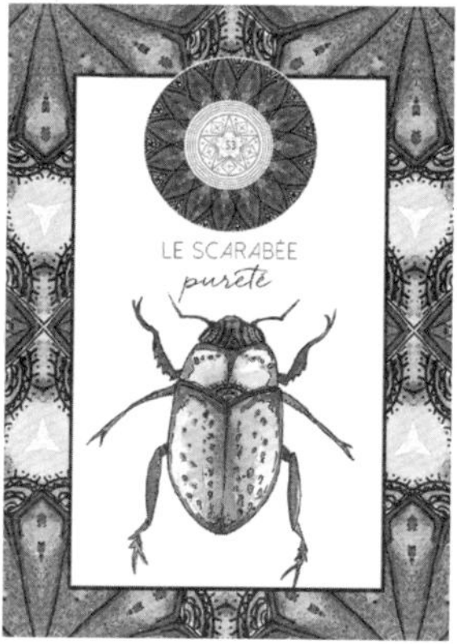

Message des scarabées : Être sans cesse en mouvement et savoir jeter apporte un sentiment de liberté et un peu de lumière.

Les scarabées, qui sont présents sur toute la planète, sont de tailles, de formes et de couleurs très variées. Ce sont de gentils omnivores qui se nourrissent de plantes, de sève, de feuilles, de champignons et parfois d'insectes. Ils sont également friands de fruits, de matières végétales, et certaines espèces sont bien connues pour consommer les excréments de mammifères herbivores au gré des circonstances.

Ces drôles de petites bêtes ont la capacité de creuser des tunnels et des terriers pour entreposer leur nourriture ainsi que de créer des boules de bouse parfaitement cylindriques qu'elles font rouler jusqu'à leur terrier. Après être sortie de son œuf, la larve va passer par toute une série de changements importants qui vont lui permettre de se renouveler quotidiennement. À l'étape ultime de sa transformation, lorsqu'elle est devenue un scarabée, son corps est composé de trois parties distinctes, ce qui lui confère force et souplesse tout en lui assurant une certaine protection.

La carapace rigide des scarabées s'ouvre pour laisser place à de magnifiques ailes translucides qui leur permettent de voler vite et haut. Dans l'Égypte antique, le scarabée était considéré comme le symbole du dieu Rê, à l'origine du lever du soleil. En effet, il était largement associé au Système solaire à cause non seulement de ses antennes, qui font penser à des rayons de soleil, mais également de sa dextérité, si particulière, pour façonner et faire rouler des boules de bouse. Les scarabées nous apprennent que le plus important dans la vie n'est pas ce qu'il nous est donné de travailler en tant que tel, mais la manière dont on choisit d'utiliser ces outils à notre avantage. Ce sont de parfaits exemples qui nous rappellent que, pour garder un cœur pur, nous devons penser à nous débarrasser sans cesse de « tout ce qui ne nous sert plus » – il faut déblayer, nettoyer et continuer d'avancer.

54.
LE CHAT - MYSTÈRE

L'ESPRIT

Message des chats : Nous pouvons nous ouvrir à nos désirs les plus profonds lorsque nos intentions sont pures et persuasives.

Les chats domestiques sont les descendants directs de leurs ancêtres les chats sauvages. Bien que, de nos jours, et la plupart du temps, la cohabitation entre les chats et les êtres humains soit harmonieuse, il coule toujours du sang sauvage dans les veines des chats. C'est pourquoi il est impossible d'apprivoiser leur instinct primaire de chasse.

Les chats sont dotés d'une ouïe fine et d'une vision nocturne exceptionnelle, ce qui leur permet de chasser dans la semi-pénombre. Les chats sont des animaux territoriaux qui marquent leur territoire et n'hésitent pas à se battre avec d'autres chats pour le défendre.

Bien que les chats soient sociables, ils ne dépendent pas les uns des autres ; ils sont donc indépendants et heureux même lorsqu'ils sont seuls. Les chats sont, par nature, quelque peu insaisissables et, lorsqu'on les observe, on peut remarquer qu'ils affichent un drôle de sentiment de supériorité ou d'indifférence à l'égard des autres. Les félins sont traditionnellement associés au féminin, ainsi qu'à la sorcellerie et à la magie.

Souvent considérés comme portant chance, comme présages superstitieux, etc., les chats semblent porter sur eux un air de mystère où qu'ils aillent. Les chats nous apprennent comment puiser dans notre propre essence divine en développant au plus profond de nous notre estime et le respect de soi, et en honorant qui nous sommes. Les chats nous montrent comme la vie peut être enchanteresse lorsque nous sommes connectés à notre « côté » mystique et que nous jouons avec notre capacité à toucher, caresser, masser et murmurer doucement à l'oreille de nos besoins et de nos désirs. Ils nous rappellent la joie sereine qui apparaît lorsque nous acceptons de réellement laisser nos sens s'éveiller et expérimenter les sensations mystérieuses que la vie a à offrir lorsque nous sommes fidèles à nous-mêmes.

55.
LE CORBEAU - MAGIE

L'ESPRIT

Message des corbeaux : Les messages divins sont des cadeaux pour votre être en devenir.

Les corbeaux sont des animaux très intelligents, qui possèdent des capacités extraordinaires comparativement à la plupart des autres oiseaux. En effet, ils apprennent vite, savent utiliser des outils, construire des choses, résoudre des problèmes complexes, compter et s'adapter. Ils reconnaissent également l'importance de jouer.

Le corbeau est habituellement entièrement noir, une couleur généralement associée au pouvoir, au mystère, et parfois à la mort.

On peut constater que le corbeau est le parfait messager d'une certaine sagesse mystique nous rappelant la multitude d'informations et d'expériences ainsi que les possibilités infinies qui parsèment notre vie au quotidien, et dont nous n'avons pas toujours conscience. Les corbeaux nous invitent à regarder plus attentivement notre propre réalité pour y découvrir des messages, des indices et des signes cachés, afin de sortir de ce que nous pensons être notre zone de confort et d'aller voir en profondeur les choses que nous ne voyons pas (mais qui sont bel et bien là).

Les corbeaux, qui sont des animaux connectés au monde des esprits – ce sont de véritables canaux de communication entre les différents mondes – nous offrent la possibilité de recevoir la sagesse divine si nous sommes disposés à l'entendre. Le corbeau vient souvent à nous lorsque nous avons besoin de guérir quelque chose et que nous sommes prêts à faire un grand pas en matière de croissance spirituelle. Ayez confiance et tenez bon !

56.
LA GRENOUILLE - GUÉRISON

L'ESPRIT

Message des grenouilles : Faites appel à votre clan pour pouvoir vous ouvrir à votre transformation émotionnelle.

Les grenouilles, qui vivent près des points d'eau et dans l'eau, se nourrissent majoritairement d'animaux aquatiques et d'insectes. Ce sont des animaux nocturnes qui se cachent le jour pour rester au frais et au calme et qui sortent à la tombée de la nuit pour chanter et chasser. Les grenouilles ont de puissantes pattes arrière qui leur permettent de se propulser pour faire de grands bonds en avant afin d'échapper à leurs prédateurs. Maîtres dans l'art du camouflage, les grenouilles se fondent très bien dans leur environnement et peuvent facilement passer pour des feuilles ou des pierres.

Les grenouilles ont besoin de vivre dans un environnement humide pour s'épanouir. C'est la raison pour laquelle leur peau sécrète un mucus spécial qui leur permet d'éviter l'évaporation lorsqu'elles vivent dans des régions arides. La grenouille, qui est pleine de ressources, peut également avoir recours à la pluie et à la rosée pour éviter de se déshydrater, ce qui signifie qu'elle peut s'éloigner de sa source d'eau sans crainte. La peau si particulière des grenouilles peut s'avérer souvent vulnérable et toxique, un signe qui montre comme notre propre état naturel peut être instable, ce qui nous incite à en prendre soin en pratiquant des exercices de guérison émotionnelle.

La grenouille est associée à la Lune et aux énergies yin. C'est un symbole de guérison et de chance. En effet, de tout temps, les grenouilles ont été des symboles de guérison, de transformation intérieure et de bon rétablissement en matière de santé physique. Elles nous apprennent non seulement à exploiter les énergies de guérison de l'eau afin de régénérer nos corps, esprit et âme, mais également à nous autoriser à réellement vivre nos expériences et ressentir nos émotions – totalement, profondément, et en nous laissant aller au maximum.

Le coassement et les cris gutturaux de la grenouille nous permettent de faire des parallèles avec la manière dont chacun d'entre nous souhaite trouver sa façon personnelle d'exprimer ses émotions, et nous indiquent que les personnes qui reconnaissent notre chant font partie de celles qui peuvent nous soutenir lors de notre processus de guérison. Faites par conséquent appel à votre clan pour traverser ces périodes particulièrement sensibles et acceptez de faire aux grenouilles une place dans votre processus de guérison.

57. LE PAPILLON DE NUIT - PRISE DE CONSCIENCE

L'ESPRIT

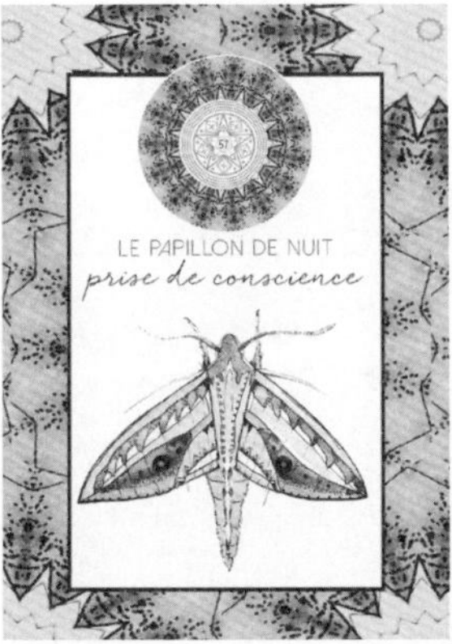

Message des papillons de nuit : Diminuez vos sources de distraction pour atteindre un niveau de conscience plus élevé.

Proche cousin du papillon, le papillon de nuit commence sa vie en tant que larve, puis devient chenille avant de subir une profonde transformation qui l'amènera à devenir un papillon de nuit au dernier stade de sa vie. Si le papillon est un tout petit enfant, alors le papillon de nuit est à l'image d'une arrière-grand-mère : sage, doux, serein, et riche d'expériences.

Lors de nos phases de transition, il nous guide avec tendresse en faisant preuve d'une confiance inébranlable et d'une conscience « éclairée ».

Passé maître dans l'art du déguisement, le papillon de nuit pare ses ailes de couleurs et de motifs afin d'induire en erreur, de mettre en garde ou de détourner l'attention de ses prédateurs. Fait surprenant, les papillons de nuit adultes ne s'alimentent pas, ce qui fait d'eux des modèles à suivre dans le sens où l'on peut choisir de ne pas consommer, mais d'accueillir simplement les choses que la vie offre gratuitement à tout un chacun et en jouir. Cela nous permet d'atteindre un niveau d'être réellement élevé.

Les papillons de nuit utilisent également une technique de navigation basée sur les astres qui leur permet de voler droit devant eux. Grâce à cet état de conscience élevé, ils nous enseignent l'art de faire confiance et de reconnaître qu'il y a une force à l'œuvre qui est beaucoup plus grande et puissante que nous, et ils nous aident à prendre conscience que, peu importe le chemin que nous suivons, ce sera toujours le chemin que l'Univers a choisi pour nous.

Les papillons de nuit, qui sont naturellement attirés par la lumière, nous montrent qu'en choisissant le chemin vers la lumière, nous disons « oui » au fait d'emprunter la voie de la sagesse. Par conséquent, nous pouvons abandonner nos blocages énergétiques afin de laisser plus de lumière entrer dans notre vie.

58.
LA CHOUETTE - INTUITION

L'ESPRIT

Message des chouettes : Les contraintes sont des cadeaux qui nous offrent la possibilité de développer un peu plus nos capacités physiques.

Les chouettes sont des oiseaux profondément mystérieux qui ont la capacité innée de voir ce qui est invisible. L'intuition de la chouette est si forte qu'elle permet aussi bien à cette dernière d'y avoir recours pour sa propre guidance intérieure que pour

ouvrir des canaux de communication avec d'autres mondes, nous permettant ainsi de créer une relation avec nos guides spirituels, nos anges et notre famille d'âmes.
Les chouettes sont de patients chasseurs qui surveillent leur domaine avec ténacité, attendant le bon moment pour foncer sur une proie et l'attaquer. Elles sont capables de voler sans faire de bruit de sorte que leurs proies, qui ne se doutent de rien, ont peu de chances de leur échapper.

C'est grâce à leur sens de l'observation que les chouettes sont capables de déterminer la meilleure marche à suivre pour capturer une proie, ce qui prouve qu'elles ont une capacité de vigilance et des facultés particulièrement bien adaptées. Étant donné que les yeux de la chouette, qui sont aussi puissants que des jumelles, sont disposés vers l'avant, elles sont incapables de faire des mises au point et de voir de près, et elles n'ont pas de vision périphérique non plus. C'est pourquoi, à la place, elles doivent compter sur leur cou flexible pour recueillir les informations qui leur manquent et dont elles ont besoin avant de passer à l'action. Leurs contraintes physiques associées à une bonne intuition nous apprennent à composer avec nos propres forces et à avoir confiance dans le fait que ce que l'on perçoit suffit pour mener à bien ce que l'on entreprend, à partir du moment où notre intention est pure.

La chouette, qui est un animal solitaire, nous invite à approfondir notre pratique spirituelle, à tourner notre regard vers l'intérieur pour trouver des réponses et à développer une relation de confiance avec notre propre intuition. Les chouettes nous apprennent qu'une pratique spirituelle discrète, calme et silencieuse, peut être beaucoup plus bénéfique que toutes celles qui ont une approche plus « m'as-tu-vu ».

59.
LE PHÉNIX - RENOUVEAU

L'ESPRIT

Message des phénix : Accepter, en conscience, que l'on se renouvelle et se recrée sans cesse permet d'entrer en pleine possession de son véritable pouvoir personnel.

Étant une des créatures mythiques les plus vénérées de la tradition populaire, le phénix est considéré dans de nombreuses cultures comme un maître très puissant invitant à la transformation intérieure.

Cette créature, qui ressemble à un oiseau, est souvent décrite non seulement comme un hybride d'aigle et de paon possédant un plumage de feu (représentatif de la puissante énergie du soleil), mais également comme le témoin des qualités transformatrices du feu.

Il existe de nombreuses versions de l'histoire concernant la manière dont le phénix renaît de ses cendres, mais leur point commun est que cette créature quitterait d'abord son corps physique pour le monde spirituel avant de renaître dans le monde physique. C'est un message très fort qui nous est adressé dans le sens où il nous apprend à accepter la réalité telle qu'elle est, sans pour autant démissionner ni abandonner, et où il nous enseigne que l'on peut s'extirper de l'obscurité et retrouver la lumière, encore et toujours. On peut tirer une précieuse leçon de cet enseignement qui nous invite non pas à avoir peur de l'obscurité, mais plutôt à la considérer comme faisant partie d'un processus sacré.

Lorsqu'il sent sa fin approcher, le phénix construit lui-même son nid, se retire en lui-même, frappe ses ailes l'une contre l'autre et se consume dans les flammes, dans le seul but de renaître dans une version de lui-même renouvelée, plus jeune, plus lumineuse et plus forte. Nous pouvons y découvrir un message très profond concernant la connaissance et l'acceptation de soi, ainsi que le fait de se réinventer et de se recréer sans cesse. En outre, le phénix nous rappelle qu'il est important de savoir reconnaître lorsqu'un cycle touche à sa fin, et de l'honorer, de le traiter de manière presque solennelle et également de comprendre que ce n'est pas véritablement la fin, mais plutôt le signe que quelque chose de nouveau va émerger qui sera beaucoup plus beau et plus fort.

Nous pouvons apprendre que la peur du changement et de voir des choses toucher à leur fin va à l'encontre de notre propre bon sens, et que nous avons le pouvoir de croire en notre capacité à renaître à partir des cendres résultant de tout ce qui a brûlé tout autour de nous. Le phénix nous invite à faire appel à notre propre force et à notre puissance intérieure afin d'être capables de faire le choix, en conscience, de clore un chapitre avant d'en ouvrir un autre sans attendre, et, ce, inlassablement.

60. LA MANTE RELIGIEUSE - PATIENCE

L'ESPRIT

Message des mantes religieuses : Pratiquer l'art de la patience, d'autant plus lorsque vous êtes en mode « réaction ».

La mante religieuse est passée maître dans l'art de la patience et de la persévérance, car elle attend de façon opportuniste qu'une proie croise son chemin tandis qu'elle se fond dans son environnement immédiat. Les longues pattes filiformes des mantes religieuses, leur grosse tête triangulaire et leurs énormes yeux globuleux font qu'on pourrait croire qu'elles viennent d'un autre monde. En effet, elles ressemblent beaucoup à des gardiens, à des maîtres ou à des guides qui nous montreraient ce qu'il faut pour pratiquer la véritable présence et incarner une profonde sagesse dans notre corps, notre esprit et notre âme.

La mante religieuse peut se cacher en prenant l'apparence d'une feuille, d'un bout de bois, d'une branche ou d'une fleur, afin de passer inaperçue aux yeux d'insectes peu méfiants, jusqu'au moment où elle frappe, lorsque sa proie est suffisamment à sa portée. Elle se balance d'avant en arrière de manière rythmée, afin de ressembler à la végétation animée par le vent, pour ne pas se faire attaquer ou pour capter les vibrations de l'air produites par les autres insectes.

Dotée d'une vue extraordinaire, la mante religieuse ne manque jamais une proie qui est dans sa ligne de mire et, de plus, elle possède une faculté d'appréciation des distances très précise lorsqu'il s'agit de se déplacer ou de sauter. Nous rappelant les bienfaits du lâcher-prise, de la patience et de la persévérance, la mante religieuse nous demande d'arrêter de nous inquiéter, de vouloir tout contrôler et de lâcher prise vis-à-vis de déceptions que nous avons pu avoir, et à la place de cultiver la patience et la confiance, non seulement dans nos actes, mais également lorsque nous sommes en mode « réaction ». En effet, il est facile de pratiquer l'art de l'attente, du lâcher-prise et de la paix intérieure, mais, tant que nous n'avons pas réellement été mis à l'épreuve, nos véritables couleurs ne peuvent pas se révéler au grand jour et notre connaissance théorique ne peut pas être mise en pratique.

61.
L'ARAIGNÉE - TISSERANDE DE RÊVES

L'ESPRIT

Message des araignées : Créez une vie qui vous ressemble et qui vous offre une totale liberté d'expression.

L'araignée produit une soie extrêmement solide pour construire sa toile, qui est, à la fois, une œuvre d'art et une merveille d'architecture (sans parler de son aspect fonctionnel puisqu'elle permet à l'araignée d'attraper de la nourriture à profusion sans avoir à faire d'effort). De plus, la soie peut s'étirer considérablement sans casser et chaque araignée crée souvent différents types de fils selon le rôle qu'elle leur assigne (fil servant de cadre ou spirale destinée à attraper des proies).

En créant des structures aussi complexes, utiles, bénéfiques et décoratives – rappelant souvent des motifs géométriques de structure radiale et en spirale d'une extrême perfection –, l'araignée témoigne de sa dévotion envers son être créatif.

L'araignée nous montre que nous sommes tous créateurs de notre destin, car nous avons en effet le pouvoir d'influencer notre chemin de vie, de réaliser nos rêves et d'assouvir nos désirs si nous planifions minutieusement les choses et faisons preuve de patience et de persévérance.

L'araignée démonte souvent sa toile le jour dans le seul et unique but de la reconstruire le soir, nous montrant ainsi l'importance de savoir abandonner l'ancien pour tout recommencer à zéro. Le nombre huit (le nombre de pattes d'une araignée) représente l'équilibre parfait entre le monde matériel et le monde immatériel. On retrouve cela symbolisé dans l'intention qui pousse une araignée à tisser sa toile, car, bien que cette dernière soit le résultat de la merveilleuse expression créative des plus extraordinaires qualités et compétences de l'araignée, la toile a également pour but principal de capturer des proies dont l'araignée se nourrit.

En outre, le nombre huit, qui est synonyme d'organisation, de discipline et de maîtrise, est généralement associé à la réussite et à la prospérité. Ainsi, grâce à ses merveilleux dons créatifs, l'araignée nous montre qu'elle peut s'octroyer ce qu'elle désire (la richesse, un toit, de la nourriture etc.) et recréer son rêve inlassablement et sans honte afin d'assouvir ses désirs aussi souvent que nécessaire. L'araignée nous indique en effet comment recréer la vie dont nous rêvons, ce qui, par ricochet, nous permettra d'attirer exactement ce dont nous avons besoin étant donné que nous aurons mis toute notre énergie dans ce que nous aurons créé, et, ce, avec fierté.

62.

LE CYGNE - HARMONIE

L'ESPRIT

Message des cygnes : On trouve une certaine harmonie intérieure lorsque l'on voit en miroir des choses sur nous que nous apprécions.

Les cygnes, qui sont monogames, s'accouplent avec un partenaire avec lequel ils restent généralement toute leur vie, nous montrant ainsi les bienfaits liés au fait de guérir nos relations afin qu'elles soient harmonieuses et durables. Pendant la parade nuptiale, on peut souvent les voir dans cette fameuse position où ils sont tête contre tête ou bien en train de se tremper le bec dans l'eau à tour de rôle. Ils protègent également leurs œufs et leurs poussins avec férocité, nous rappelant ainsi de protéger et de respecter nos proches. Les cygnes sont le symbole de l'amour pur, de la grâce et de l'harmonie. Ils nous montrent que les autres peuvent nous renvoyer en miroir exactement ce que nous souhaitons montrer de nous – à savoir aussi bien notre part de lumière que d'ombre.

Le cygne évolue avec calme et élégance, nous rappelant gentiment que l'harmonie n'est pas une chose à laquelle on doit réfléchir, sur laquelle on doit discourir, ni même que l'on doit expliquer, il suffit simplement de la ressentir. Dans la culture hindoue, le cygne est associé aux personnes saintes, qui sont dans le monde sans y être attachées.

Le cygne a un long cou et un corps massif, ce qui peut symboliser le fait d'être ancré, les pieds sur terre, tout en étant en paix en sachant qu'il nous reste encore beaucoup de choses à explorer et à voir si nous changeons tout simplement notre perspective et que nous sortions la tête de l'eau pour prendre un peu de distance vis-à-vis de nos instincts de survie naturels quotidiens.

Étant donné que la plupart des espèces de cygnes sont blanches, on peut faire des associations d'idées avec cette couleur qui représente la pureté, la paix et des intentions claires, tandis que le cygne noir, quant à lui, révèle notre désir le plus profond et le plus secret que les circonstances extérieures soient en phase avec nos désirs personnels.

63.
LA LICORNE - MIRACLES

L'ESPRIT

Message des licornes : Nous sommes tous de véritables miracles dans ce monde fou et mystique, n'oubliez donc pas quelle est votre place ni le pouvoir qui est en vous.

La licorne est le symbole universel de la magie et des miracles. En effet, ces êtres paisibles et doux que sont les licornes nous mettent en contact avec les royaumes les plus élevés. En outre, elles nous aident non seulement à nous connecter à l'amour pur, à la lumière et à la guérison, mais également à provoquer des miracles de toutes sortes.

Sa ressemblance avec les chevaux, décrite dans de nombreux récits au fil des siècles, fait que la licorne est dépeinte comme une faiseuse de miracles et comme un symbole de motivation, de mouvement et de voyage. Étant donné que cet être mythique n'est pas de ce monde, nous pouvons l'associer à notre capacité à faire des voyages astraux, ce qui nous rappelle ainsi que nous sommes capables de voir et de visiter d'autres mondes que celui dans lequel nous sommes nés.

Les licornes sont souvent décrites comme étant entièrement blanches, ce qui est la couleur de la pureté, du divin, de la paix et de la perfection. Le fait de savoir que la couleur blanche est la somme de toutes les couleurs de l'arc-en-ciel superposées peut nous permettre de voir à quel point nous sommes des êtres magiques si nous décomposons chaque parcelle de notre être.

La corne qu'elles portent se situe au niveau du chakra coronal, qui représente la frontière entre les différents mondes et qui nous met en contact avec d'autres plans spirituels. Il est dit que tuer une licorne entraîne une énorme dette karmique, c'est donc quelque chose à prendre en considération car, si nous choisissons de suivre un chemin de peur et de scepticisme en faisant survenir des miracles tous les jours, nous sommes destinés à avoir une vie d'insatisfaction.

La licorne nous apprend à créer une vision claire de nos désirs, à avoir confiance dans le fait qu'ils vont se réaliser, à nous ouvrir aux miracles qui surviennent dans notre vie tout en accordant notre confiance à l'Univers afin de le laisser déployer toute sa magie comme il se doit.

64.
LA BERGERONNETTE - ESSENCE

L'ESPRIT

Message des bergeronnettes : Revenez à l'essentiel et illuminez-vous de l'intérieur.

La petite bergeronnette, qui picore le sol pour trouver sa nourriture, fait partie de la famille des motacillidés. Elle est d'un tempérament joyeux, ce qui nous rappelle d'être joueurs, vivants, et de garder notre âme d'enfant. Lorsque la vie nous semble lourde, comme si on portait le poids du monde sur nos épaules, on peut se tourner vers la bergeronnette pour comprendre que nous n'avons pas besoin de prendre toujours la vie autant au sérieux, car, si l'on souhaite avoir un impact important et positif sur notre planète, il faut veiller à maintenir en permanence un esprit positif.

La bergeronnette nous invite à nous reconnecter à notre essence personnelle, à notre objectif, à notre âme et à tout ce qui est divin. Lorsqu'elle parcourt l'herbe à la recherche d'insectes pour se nourrir en agitant et en déployant les plumes de sa longue queue, elle nous rappelle l'importance de rester ancrés, les pieds sur terre, tout en nous remémorant nos souvenirs d'enfance lorsque nous prenions du plaisir à nous amuser, à jouer, à danser et à chanter. En revenant sur ces anciennes pratiques de pur bonheur, nous sommes capables de percevoir ce qui nous motivait à faire tant de choses dans le monde, à savoir l'innocence, l'essence et la beauté de la vie, que nous souhaitons continuer de préserver pour les générations à venir.

65.
LE TIGRE BLANC - VISION

L'ESPRIT

Message des tigres blancs : Faire briller sa lumière intérieure est le seul moyen de voir comment elle peut avoir un impact sur la conscience collective.

Le tigre blanc, qui est un animal sacré, nous aide à nous aligner avec notre propre force intérieure. Sa dépigmentation et son bagage génétique rare font du tigre blanc un excellent exemple du nombre de fois où nous sommes amenés à choisir un chemin dans la vie qui n'est ni sûr ni « dans la norme ».

C'est dans cette originalité de naissance que nous devons puiser pour faire honneur aux talents que nous possédons, pour continuer à partager notre message et vivre la vie dont nous rêvons.

Les rayures des tigres sont tout aussi uniques que des empreintes digitales, car elles sont, en fait, le résultat de pigments incrustés dans la peau et non pas une particularité de la fourrure. Cela nous montre que notre code génétique personnel nous appartient uniquement dans le but de partager, et non pas pour que nous nous sentions menacés par des personnes qui rugissent fort afin de nous abaisser. En fait, il est plutôt question ici de s'accepter tel que l'on est, de s'associer et d'œuvrer ensemble pour le plus grand bien de tous, tout en n'oubliant pas de mobiliser notre propre clan grâce à notre éventail de compétences, de propositions et de forces individuelles, et de tout mettre en lumière.

Le côté joueur et le charisme des tigres peuvent nous apprendre des choses sur nos propres forces internes et externes tout en restant des individus épanouis et attachants. Le rugissement des tigres est si puissant que l'on peut l'entendre à quatre kilomètres à la ronde, ce qui nous montre que nous devons parfois sortir au grand jour, nous affirmer haut et fort et faire entendre notre propre voix afin d'asseoir notre place au sien du clan – ce qui nous aide non seulement à accueillir notre propre force, mais également à devenir ce que nous cherchons à être.

L'énergie et la force du tigre blanc jaillissent de notre étincelle intérieure (notre pulsion) et nous amènent à faire des pas de géants en direction de nos rêves les plus fous. Le tigre blanc ouvre les chakras supérieurs afin d'accueillir toutes les formes de guérison, de clairvoyance et de « clairaudience » provenant du monde spirituel. En travaillant avec le tigre blanc, on peut apprendre à développer rapidement et à comprendre clairement ses visions psychiques ainsi que les messages que l'on reçoit. Lorsque l'on a intégré les dons de l'artisan de lumière qui vit en nous, on peut réaliser un travail très puissant et transcendantal dans le monde.

REMERCIEMENTS

Je souhaite saisir cette occasion pour remercier toutes les personnes formidables qui me suivent en ligne ou *via* d'autres moyens et qui croient en mon art et en la passion qui m'anime. Je me sens énormément soutenue dans tout ce que je choisis d'entreprendre dans la vie et je serai à jamais reconnaissante de pouvoir appeler cela mon « travail ».

Je tiens à remercier tout particulièrement ma graphiste exceptionnelle, Nicole Brown, qui est mon bras droit et mon alliée, qui supporte toutes mes idées excentriques et mes projets les plus fous et qui m'aide à leur donner vie (tu es une magicienne). Merci à ma remarquable assistante rédactionnelle et de recherche, Naomi Goodlet, qui m'a aidée à rédiger et à mettre en mots mes idées et mes peintures à un moment de ma vie qui était riche en transformations et bouleversements intérieurs. Je remercie également ma merveilleuse famille, à savoir ma maman et mon fils, Billy, qui m'ont encouragée à suivre ce rêve personnel qui consistait à travailler plus en lien avec les choses que j'aime, c'est-à-dire les animaux et l'art !

Merci à ma merveilleuse amie et consœur Yvette Luciano, qui a soutenu cette création depuis le tout début en croyant en moi et en me soutenant sans faille dans mes différentes entreprises.

Et, bien sûr, un grand merci à l'Univers, qui m'a choisie pour donner sans cesse naissance à de magnifiques choses. J'aime être, en ce bas monde, un canal permettant à un travail inspiré, utile et qui a du sens, de voir le jour. Merci à toi, ma chère

Terre-Mère, d'avoir mis ces magnifiques maîtres sur notre planète pour parfaire notre apprentissage et notre croissance.

Avec tout mon amour et ma reconnaissante infinie,
Sarah.

maître de sa propre vie. Sarah ressent beaucoup de fierté à être, tout simplement, comme toutes les femmes, forte, éveillée, autonome, capable de se souvenir de son lien avec son être essentiel en ces temps où on se sent tous incroyablement déconnectés et seuls. Elle aime danser, créer, apprendre sans cesse de nouvelles choses et se sent le plus chez elle quand elle est près des arbres ou qu'elle regarde les oiseaux (en ce moment, elle ne peut échapper aux streperas[4] !)

4. NdT : Le strepera est un genre de passereaux d'Australie ressemblant à un corbeau.